ANNE SCHULTE-HUXEL
ACHIM SPERBER

Seidenmalerei
für Kinder

AUGUSTUS VERLAG

Liebe Kinder,

was gibt es Schöneres als leuchtende Farben auf schimmernder Seide?
Ihr werdet sehen, was für ein toller Malgrund die Seide ist. Mit etwas
Phantasie habt ihr schon bald die schönsten Bilder gemalt: Geschichten
aus 1001 Nacht, afrikanische Tiere oder Erlebnisse unter Wasser.
Die Techniken sind einfach und spannend. Wir zeigen euch alles Schritt
für Schritt.

Seide ist von alters her ein sehr kostbarer Stoff und war den Königs- und
Fürstenhäusern vorbehalten. Sicher kennt ihr Märchen, die von Kleidern
aus Samt und Seide erzählen. Heute ist Seide zum Glück nicht mehr
teuer. Bastelläden bieten eine große Auswahl.

Auf den feinen, bereits eingesäumten Tüchern und Schals haben wir
viele Muster ausprobiert, zum Beispiel Batik- und Aquarelleffekte.
Auch gibt es Bauchtaschen, Haarbänder, Baseballmützen oder
Schirme aus weißer Seide, die ihr im Handumdrehen mit selbstent-
worfenen Mustern gestalten könnt. Schnell gemacht sind originelle
Geschenke: lustige Katzenbroschen, Duftbeutel oder von euch
bezogene Bilderrahmen.

Erlebt es selbst – Seidenmalerei ist ganz leicht und macht großen
Spaß!

Viel Freude und Erfolg beim Malen und Basteln wünscht euch

Anne Schulte-Huxel

Inhalt

PROJEKTE

Wo kommt die Seide her?

In alten Zeiten war die Herstellung der Seide ein Geheimnis, das nur in China bekannt war. Kamelkarawanen transportierten die kostbaren Stoffe über weite Strecken. Heute sind Seidenstoffe nicht mehr teuer und leicht zu bekommen.

△ *Aus Ostasien werden kostbare Seidenbrokate in alle Welt geliefert.*

Eine alte Legende erzählt, daß die weise Leizu, Frau des ersten chinesischen Sagenkaisers, bei einem Spaziergang am Flußufer plötzlich von einem Tiger angegriffen wurde. In ihrer Not flüchtete sie sich auf einen Maulbeerbaum. Da sie dort längere Zeit ausharren mußte, konnte sie die kleinen Seidenraupen beobachten. Der Sage nach hatte sie als erste die Idee, den Faden der Seidenraupe für feine Stoffe zu verwenden.

Lange Zeit wurde die Seide nur in China hergestellt. Die Chinesen haben diese Kunst wie ein Geheimnis gut gehütet. Die kostbaren Stoffe wurden mit Kamelkarawanen entlang der Seidenstraße, einer wichtigen Handelsroute, in den Nahen Osten und nach Europa transportiert. Erst später gelang es zwei Mönchen, einige Eier des Seidenspinners in ihren hohlen Wanderstäben nach Europa zu bringen, so daß man auch hier Seide produzieren konnte. Noch heute kommen aber die meisten Seidenstoffe aus Japan oder China.

Der Seidenspinner ist eigentlich ein Schmetterling. Er nimmt in seinem Leben vier verschiedene Gestalten an: Aus einem Ei schlüpft eine Raupe, die ungeheure Mengen an Maulbeer-

blättern verschlingt. Nach einem Monat verpuppt sie sich, indem sie einen festen Kokon aus einem 3000 Meter langen Doppelfaden um sich spinnt. Im Inneren des Kokons entsteht der Schmetterling, der sich nach 20 Tagen von seiner Hülle befreit.

Um Seide zu gewinnen, muß man die Kokons einsammeln, in heißem Wasser aufweichen und den Fadenanfang finden. Mit Hilfe von Maschinen wird die Faser abgehaspelt. Meist werden die Fäden mehrerer Kokons zu einem Strang zusammengedreht, der ziemlich reißfest ist. Am Webstuhl entstehen dann die schönen Seidenstoffe.

▷ *Die Kokons werden in ein heißes Wasserbad gelegt. So lösen sich die hauchdünnen Fäden, große Greifer fassen sie. Eine Maschine haspelt die Kokons ab und wickelt den Seidenfaden auf Spulen.*

▷ *Die dünnen Fäden werden auf Webstühlen zu Seidenstoffen verarbeitet. Wenn ein Faden reißt, muß man sehr geschickt sein, um ihn wieder anzuknoten.*

7

MATERIAL UND WERKZEUG

Für deine ersten Bilder auf Seide brauchst du nur eine kleine Grundaus-stattung: Im Bastelladen gibt es Seidenmalsets, in denen das ganze Zubehör enthalten ist.

MATERIAL UND WERKZEUG

△ *Fertig rollierte Tücher werden mit Stoßnadeln aufgespannt. Stich mit der Nadel durch den Saum ins Holz. So können im Gewebe keine Löcher zurückbleiben.*

Seide

Seide ist nicht gleich Seide. Du kannst sie in den unterschiedlichsten Qualitäten kaufen – als schweren Stoff oder als hauchdünnes Gewebe. Für Bilder und die ersten Versuche ist eine dünne Pongé-Seide gut geeignet, die nicht viel kostet. Auf dem schimmern-

den, feinen Stoff verlaufen die Farben und entwickeln ihre Leuchtkraft. Auch für Tücher und Schals ist dünne Pongé-Seide ideal. Dagegen nimmt man für Kissen, Wandbehänge und Teile, die noch genäht werden müssen, die etwas dickere Pongé-Seide Nummer 8. Alle Pongé-Seiden kann man bemalen, ohne sie vorher zu waschen. Dagegen muß man Waschseide vor dem Bemalen in heißer Lauge spülen, da sie sonst keine Farbe annimmt. Waschseide fühlt sich samtig weich an und hat einen matten Schimmer. Sie eignet sich für Tücher und Kleidung. In guten Bastelläden gibt es neben Seide von der Rolle auch ein breites Angebot an Seidenartikeln zum Bemalen: Du findest zum Beispiel fertige Hüte, Taschen, Fensterbilder oder Schirme. Diese Seidenartikel sind meist aus der festeren Habotai-Seide mit dem typisch seidigen Glanz. Auch sie kann ohne vorheriges Waschen bemalt werden.

▷ *Gutta hindert die Seidenmalfarben am Fließen. Wenn du ein Motiv mit klaren Abgrenzungen malen willst, trägst du zuerst Gutta auf die Seide auf.*

MATERIAL UND WERKZEUG

Rahmen

Für fast alle Seidenmalereien brauchst du einen Rahmen aus weichem Holz, auf den die Seide straff aufgespannt wird. Es gibt preisgünstige Batikrahmen. Auf ihnen kannst du Stoffe und Tücher bis zu einer Größe von 1 mal 1 Meter bemalen. Sie können jedoch nur auf ganz bestimmte Größen eingestellt werden.

Deshalb sind spezielle Seidenmalrahmen besser geeignet, weil sie stufenlos zu verstellen sind. Für das Bildermalen solltest du dir einen kleineren Rahmen von circa 50 mal 50 Zentimetern schenken lassen.

Wichtig ist, daß alle Rahmenleisten die gleiche Höhe haben, damit der Stoff nicht durchhängt. Vor dem Bemalen wird der Rahmen mit einem Kreppband beklebt, um Holz und Seide zu schützen.

Die Seide wird mit speziellen Dreizacknägeln auf dem Rahmen befestigt. Fertig gesäumte Tücher solltest du mit Stoßnadeln aufspannen, um den Stoff nicht zu beschädigen.

Pinsel

Es eignen sich alle Sorten von weichen Haarpinseln, etwa Schulpinsel in den Stärken Nummer 2 bis 12. Zum Bemalen größerer Flächen kann man auch breite Schaumstoffpinsel benutzen. Für Linien gibt es Stifte, die mit Farbe gefüllt werden und wie Filzstifte funktionieren.

Zum Anlegen von großflächigen Hintergründen nimmst du Bastelwatte. Der Wattebausch wird mit Wasser oder Farbe getränkt. Damit gleitest du über die aufgespannte Seide.

Gutta

Gutta ist eine zähflüssige Masse, die die Seide verklebt. Die Farben werden durch Gutta am Fließen gehindert. Du brauchst Gutta, um ein Motiv oder Muster mit klaren Abgrenzungen zu zeichnen.

▽ *Benütze für deine Seidenmalerei weiche Haarpinsel. Chinapinsel können viel Farbe aufnehmen und haben eine gute Spitze. Für größere Flächen sind Schaumstoffpinsel oder Bastelwatte geeignet. Linien kann man gut mit einem Textil-Filzstift ziehen. Zum Farbenmischen brauchst du Plastiktöpfchen mit Ständer oder eine Tischpalette.*

MATERIAL UND WERKZEUG

Es gibt farblose Gutta, aber auch Gutta in Schwarz, Gold und Silber und in anderen Farben. Zum Auftragen der Gutta auf die Seide verwendet man Liner. Das sind Plastikfläschchen, in die man die Gutta füllt. Gezeichnet wird mit einem Spitzenaufsatz aus Metall. Die Aufsätze kann man in verschiedenen Stärken erhalten, zum Beispiel in 0,5 oder 0,9 Millimetern. Du schraubst zuerst die Spitze auf den Liner und klebst zusätzlich noch einen Kreppstreifen herum.

Farbe

Seidenmalfarben haben eine tolle Leuchtkraft. Es gibt bügelfixierbare und dampffixierbare Farben – je nach der Art, wie sie nach dem Trocknen waschfest gemacht werden.

Am besten mischst du dir immer kleinere Mengen von Farbe an. Dafür gibt es im Bastelladen durchsichtige Plastiktöpfchen mit Deckel. Hilfreich ist auch ein Ständer, in den die Farben hineinpassen und nicht umfallen können. Für größere Farbmengen, zum Beispiel zum Grundieren von Flächen, gibt es Tischpaletten mit Vertiefungen, in die die Farben hineingegossen und mit Wasser verdünnt werden.

Tolle Effekte auf Seide kannst du auch mit Salz erzielen. Es wird auf die noch nasse Farbe aufgestreut und erst nach dem Trocknen entfernt.

Fixieren

Seidenmalfarben bestehen aus Farbpigmenten, die sich nur unter Hitze dauerhaft mit der Seide verbinden. Am einfachsten zu fixieren sind Bügelfarben. Nach dem Trocknen der Farben wird die Seide auf der Rückseite mehrere Minuten bei Einstellung Baumwolle gebügelt. Wenn sich Teile, wie zum Beispiel ein Schirm, nur schwer bügeln lassen, kann man sie auch durch intensives Fönen fixieren. Leuchtender als Bügelfarben sind die dampffixierbaren Farben. Es ist jedoch aufwendiger, sie zu fixieren. Sie entwickeln ihre Brillanz erst unter heißem Wasserdampf. Für deine schönsten Stücke kannst du dafür den Fixierservice im Bastelladen in Anspruch nehmen.

▽ *Gutta gibt es in verschiedenen Farben. Zum Auftragen verwendet man Liner. Das sind Plastikfläschchen, auf die man einen Spitzenaufsatz aus Metall setzt. Die Seide wird mit Dreizacknadeln oder Stoßnadeln auf den Rahmen gespannt.*
Es gibt zwei Arten von Seidenmalfarben: zum Fixieren mit dem Bügeleisen oder mit Dampf. Durch Salz lassen sich tolle Effekte erzielen.

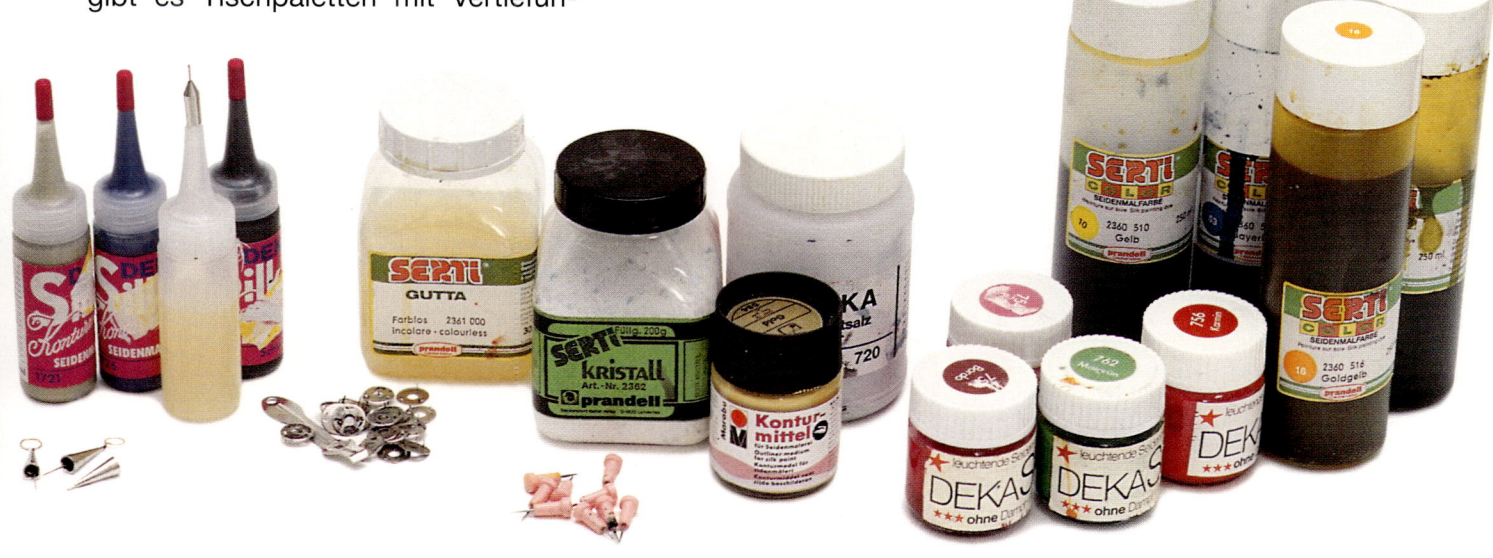

AQUARELL-, GUTTA-, SALZTECHNIK

Laß die Farben ineinanderlaufen, oder bilde mit dem Fön Trockenränder. Ziehe mit Gutta klare Linien und teste die Wirkung von Salz auf nasser Farbe. Alle Techniken sind ganz leicht zu erlernen, aber jede hat ihre besondere Wirkung. Auf dem Musterstreifen kannst du die Techniken miteinander vergleichen oder sie gleich ausprobieren, wenn du das Herzen- oder das Teddytuch nacharbeitest.

AQUARELL-, GUTTA-, SALZTECHNIK

Musterstreifen

Auf dem Musterstreifen siehst du die schöne Wirkung von Aquarell-, Salz- und Guttatechnik.

1. Für das Bild ganz links, das Aquarell mit den Trockenrändern, wird eine Grundierung auf die angefeuchtete Seide aufgebracht. Man fönt sie anschließend trocken. Dann werden mit dem satt getränkten Pinsel Streifen in Violett und Blau aufgetragen. Durch schnelles Fönen entstehen die typischen Ränder. Je mehr Farbe und Wasser man verwendet, desto härter und ausgefranster ist der Rand. Diese Technik eignet sich gut für Landschaftsbilder und Farbverläufe.

2. Im zweiten Bild von links werden große Tupfen Farbe mit dem Pinsel auf eine helle Grundierung gesetzt. Die Flecke laufen teils ineinander, teils bilden sie Ränder. Durch rasches Fönen werden Ränder noch gefördert.

Mit dieser Technik entstehen leichte und luftige Muster.

3. Das dritte Bild von links ist ein zartes Landschaftsbild. Mit farbloser Gutta wurde auf den trockenen, zuvor eingefärbten Grund gezeichnet. So erscheint die Gutta in der Farbe des Hintergrundes. Nach dem Trocknen werden einzelne Hausformen ausgemalt. Da die Untergrundfarbe stets durchschimmert, wirken bei dieser Technik die Farben sanft aufeinander abgestimmt.

4. Bei der Salztechnik im dritten Bild von rechts wird das Salz in die noch feuchte, aufgetupfte Farbe gestreut. Es bilden sich dunkle Stellen unter den Körnchen, die Umgebung wird heller. Je feuchter die Farbe ist, desto mehr reagiert das Salz. Es bleibt so lange auf dem Stoff, bis die gewünschte Wirkung erreicht ist. Dann kann es vorsichtig abgestreift und

◁ *Bei dem Tuch mit Herzen kannst du die Aquarell-, Gutta- und Salztechnik anwenden.*

Du brauchst:
für Herzentuch
und Teddytuch:
rolliertes Tuch, Pongé-Seide, 90 x 90 cm
Rahmen, Stoßnadeln
Bleistift, Lineal
schwarze und goldene Gutta
Seidenmalfarben
Pinsel
Wattebausch
Salz

▽ *Die Seidenmaltechniken sind einfach zu lernen, und jede hat eine schöne Wirkung.*

GUTTA-, SALZTECHNIK

nach dem Trocknen nochmals verwendet werden.

5. Im zweiten Bild von rechts wurden Blüten und Schmetterlinge mit farbloser Gutta auf den eingefärbten Grund gezeichnet. Wie bei dem Landschaftsbild wirken die Farben fein aufeinander abgestimmt.

6. Mit Gutta wird im Bild rechts außen eine Landschaft auf weißem, trockenem Grund angelegt und anschließend in sehr zarten Farben ausgemalt. Die Guttalinien bleiben weiß stehen und treten deutlich hervor.

Tuch mit Herzen

Das Tuch mit den Herzen ist ein Beispiel dafür, wie du die verschiedenen Seidenmaltechniken miteinander kombinieren kannst. Aquarell-, Salz- und Guttatechnik ergeben zusammen einen raffinierten Effekt.

1. Spanne das Tuch auf den Seidenmalrahmen.

2. Zeichne mit schwarzer Gutta große Herzen auf die Seide.

3. Male die Herzen aus und laß dabei die Farben teilweise ineinander laufen.

4. Male einen blauen Hintergrund und streue etwas Salz in die noch feuchte Farbe.

Tuch mit Teddy

Das große Teddytuch wirkt durch die Zeichnung mit Goldgutta wie ein besonders edles Schmuckstück. Mit der

Schablone des Teddymotivs ist es ganz leicht nachzuarbeiten.

1. Spanne das Tuch mit Stoßnadeln auf den Rahmen.

2. Drehe den Rahmen auf die Rückseite und lege die Schablone mit dem Teddymotiv unter die Seide. Pause das Motiv mit Bleistift durch, und ziehe die Linien mit Goldgutta nach.

3. Male die Musterbordüren mit kräftigen Rot- und Blautönen und den Teddy in Braun aus.

4. Färbe den Hintergrund mit dem Wattebausch in einem leuchtenden Blau.

◁ *Die Konturen des lustigen Teddymotivs werden mit Goldgutta gezeichnet.*

▽ *Das Tuch wirkt wie ein besonders edles Schmuckstück.*

GRUNDIER-, SCHICHTTECHNIK

Male einen Himmel in verschiedenen Blautönen, in dem ein goldener Mond und Sterne funkeln. Oder du entwirfst eine Wüstenlandschaft mit Palmen und einem Kaktus im Sand. Vielleicht hast du auch eigene gute Ideen für ein Gemälde auf Seide. Du kannst zum Beispiel ein buntes Muster für ein Tuch erfinden, das du dir um den Hals schlingst oder als Haarband trägst. Die Technik ist ganz einfach: Du mußt zunächst auf der Seide eine Farbgrundierung anlegen. Dann trägst du noch mehrere Farbschichten darüber auf. Mit Salz erzeugst du raffinierte Effekte, und zum Schluß zeichnest du auf dein Gemälde mit Goldgutta.

GRUNDIER-, SCHICHTTECHNIK

Wüstenbild und Sternenhimmel

Wenn du den Stoff grundierst und die Schichttechnik anwendest, entsteht ein Wüstenbild mit einem Kaktus und Palmen oder ein Sternenhimmel.

1. Reiße den 90 Zentimeter breiten Stoff in der Mitte durch, so daß er 45 Zentimeter breit ist. Trenne ihn danach noch einmal quer durch, damit du für dein Bild eine passende Größe erhältst.

2. Stelle den Rahmen auf die Größe des Stoffes ein und beklebe ihn mit Kreppband. Spanne die Seide auf

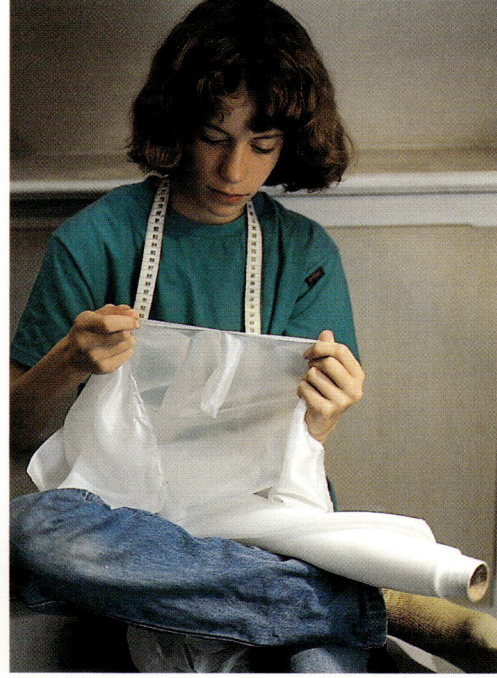

▷ *Reiße den Stoff in der Mitte durch.*

den Rahmen. Dabei hältst du mit der einen Hand den Stoff straff, mit der anderen drückst du die Dreizackstifte in den Rahmen.

3. Feuchte die Seide mit einem Wattebausch an. Wenn das Wasser Pfützen bildet, solltest du sie mit einem trockenen Wattebausch wieder abnehmen.

4. Lege eine Grundierung in zwei Farben an, zum Beispiel für das Wüstenbild in Gelb und Blau. Tauche dazu die Watte in Farbe und streiche damit gleichmäßig über die Seide. Bei der Grundierung auf feuchtem Grund laufen die Farben sanft ineinander und bilden keinen harten Rand.

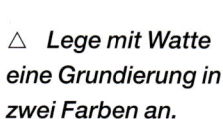

△ *Lege mit Watte eine Grundierung in zwei Farben an.*

▷ *Den Fön brauchst du als wichtiges Hilfsmittel bei Aquarell- und Schichttechnik.*

GRUNDIER-, SCHICHTTECHNIK

▷ *Male auf den getrockneten Grund Linien und Formen.*

5. Föne jetzt den Grund trocken. Schwenke den Fön gleichmäßig hin und her, damit keine Trockenränder entstehen.

6. Male auf dem trockenen Grund Linien und Formen. Für das Wüstenbild kannst du verschiedene Gelb- und Brauntöne mischen und damit auf der gelben Fläche Hügelketten andeuten.

▷ *Salzkörnchen ziehen die Farbe zusammen. Es entstehen Strukturen auf der Malerei.*

Du brauchst:
für Wüstenbild und Sternenhimmel:
Pongé-Seide,
45 x 55 cm
Rahmen, Dreizackstifte
Seidenmalfarben
Pinsel, Palette
Bastelwatte
Fön
Salz
goldene Gutta
Liner mit Spitze

7. Föne die Seide trocken, wenn du die zweite Farbschicht vollendet hast. Male nun noch mehrere Schichten darüber, die zum unteren Bildrand hin dunkler werden.

8. Streue in die letzte noch feuchte Farbschicht ein paar Körnchen Salz. Die Salzkörnchen ziehen die Farbe zusammen. Aus diesem Grund wird die Umgebung der Körnchen heller. Entferne das Salz, wenn es getrocknet ist. Durch das Salz entsteht die Struktur von Steinen im Wüstenbild oder es bilden sich Sterne im nächtlichen Himmel.

9. Zeichne mit Goldgutta in das Himmelbild Mond und Sterne oder in das Wüstenbild Palmen und einen Kaktus. Setze auf den Liner eine Metallspitze. Damit die Farbe später nicht auslaufen kann, müssen die Guttalinien immer geschlossen sein.

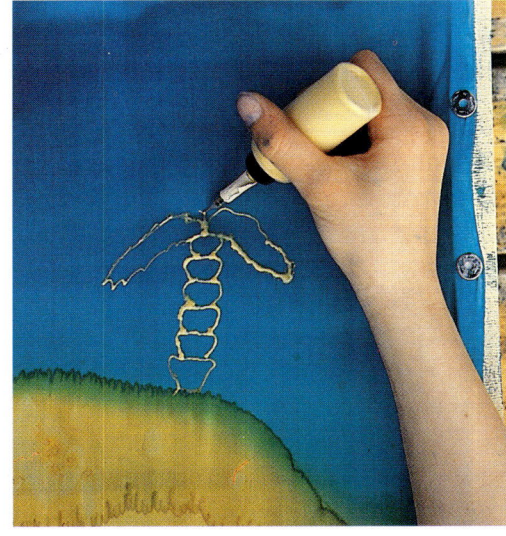

▷ *Die Guttalinien müssen immer geschlossen sein, damit die Farbe nicht ausfließen kann.*

GRUNDIER-, SCHICHTTECHNIK

10. Male die Formen, wie Palmen und Kaktus, mit kräftigen Farben aus.

Bunte Tücher

Die lustigen Tücher werden in Aquarell- und Salztechnik gemalt. Du kannst sie in deinen Lieblingsfarben herstellen und um den Hals oder um die Haare geschlungen tragen.

1. Spanne das Tuch mit Stoßnadeln auf den Rahmen, den du zuvor auf die entsprechende Größe eingestellt hast.

2. Für das rotgrüne Tuch in Aquarelltechnik legst du eine Grundierung in diesen Farben an und fönst sie trokken. Tränke deinen Pinsel anschließend mit viel Farbe und Wasser und ziehe Linien über die Fläche. Dabei entstehen Muster mit den typischen Trockenrändern.

3. Bei dem Tuch mit dem Tupfenmuster bleibt der Untergrund weiß. Male mit dem Pinsel große Tupfen auf und laß sie trocknen. Tropfe dann noch etwas Farbe in die Mitte der Flecke. So entstehen reizvolle Ränderwirkungen.

4. Um die bunten Tücher nachzuarbeiten, die die beiden Mädchen auf dem Foto unten um den Hals tragen, mußt du die Farben mit Wasser verdünnen. Du trägst sie in großen Flecken auf. In die noch feuchte Farbe streust du Salzkörnchen. Entferne das Salz erst, wenn es trocken ist.

△ Die Aquarelltechnik bietet viele Möglichkeiten, ein Tuch hübsch zu mustern. Laß hauptsächlich die Farben wirken. Kleine Muster oder Motive kommen beim gebundenen Tuch kaum zur Geltung.

Du brauchst:
für die Tücher:
rolliertes Tuch, 55 x 55
oder 28 x 28 cm
Rahmen, Stoßnadeln
Seidenmalfarben
Pinsel, Palette
Salz

◁ Die bunten Tücher mit Salzeffekt kannst du in deinen Lieblingsfarben herstellen.

19

PLISSEETECHNIK

*Lustig sehen die bunten Schals aus, die sich im Wind bäumen. Mit
der Plisseetechnik entstand auch ein wunderschöner Flatterrock. Die Seide
wird einfach auf Folie eingefärbt und anschließend plissiert, das heißt,
es werden Falten gebildet. Ein toller Batikeffekt kommt zustande.*

PLISSEETECHNIK

Flatterschal

Die Seide wird nach dem Färben zur Kordel gedreht und in kochendem Wasser fixiert. So entstehen die bunten Flatterschals.

1. Es ist für diese Arbeit günstig, wenn du im Freien arbeitest, weil man sehr viel Platz braucht. Breite auf einem großen Tisch eine Plastikfolie aus. Lege den Schal auf die Folie.

2. Gieße die Farben in größere Mischgefäße und verdünne sie mit Wasser. Schön sind Schals, deren Farben Ton in Ton verlaufen. Dafür brauchst du zwei bis drei ähnliche Farben, zum Beispiel Blau, Violett und Türkis. Verwende einen Kontrast von hellen und dunklen Farben, willst du einen starken Batikeffekt erreichen.

3. Zum Aufhellen der Farben, zum Beispiel für Pastelltöne, feuchte die Seide mit klarem Wasser und einem Wattebausch an. Kräftige Töne werden auf die trockene Seide aufgetragen. Auch zum Einfärben solltest du feste Wattebäusche nehmen, die du mit Farbe tränkst. Deine Hände schützt du möglichst mit Gummihandschuhen. Du kannst den Schal in großzügigen Schrägstreifen, Längsstreifen oder Querstreifen anlegen.

4. Hänge den Schal zum Trocknen auf. Dabei ist es günstig, wenn dir

△ *Trage die Farbe mit einem Wattebausch auf. Deine Hände solltest du mit Gummihandschuhen schützen.*

Du brauchst:
rollierten Seidenschal, 175 x 75 cm, oder Pongé-Seide von der Rolle
Plastikfolie
dampffixierbare Seidenmalfarben
Gefäße oder große Palette
Bastelwatte
Gummihandschuhe
Ziegelstein
Topf

PLISSEETECHNIK

jemand hilft. Denn die feuchten Seiten des Stoffes sollten auf keinen Fall zusammenkleben.

5. Der trockene Stoff wird von zwei Seiten in kleine Falten gelegt und anschließend zu einer festen Kordel gedreht. Das geht ebenfalls am besten zu zweit.

6. Wickle die Kordel ganz straff um das obere Ende eines Ziegelsteins. Stecke die Enden des Schals unter die Kordel.

7. Nun wird der Stein in einen alten Topf gestellt und so viel Wasser eingefüllt, daß die Seide ganz bedeckt ist. Laß das Wasser zum Fixieren des Stoffes circa 40 Minuten leicht kochen. Die dunklen Farben treten aus und überfärben die äußeren Schichten der Seidenkordel. Dadurch entsteht ein Batikeffekt.

8. Laß den Schal zusammengedreht als Kordel mindestens einen Tag trocknen. So werden die Plisseefalten haltbar. Löse dann die Kordel und hänge den Schal auf, bis er völlig trocken ist. Du wirst staunen, was du für ein tolles Ergebnis erhältst. Nach dem Waschen muß der Schal immer in aufgedrehtem Zustand trocknen.

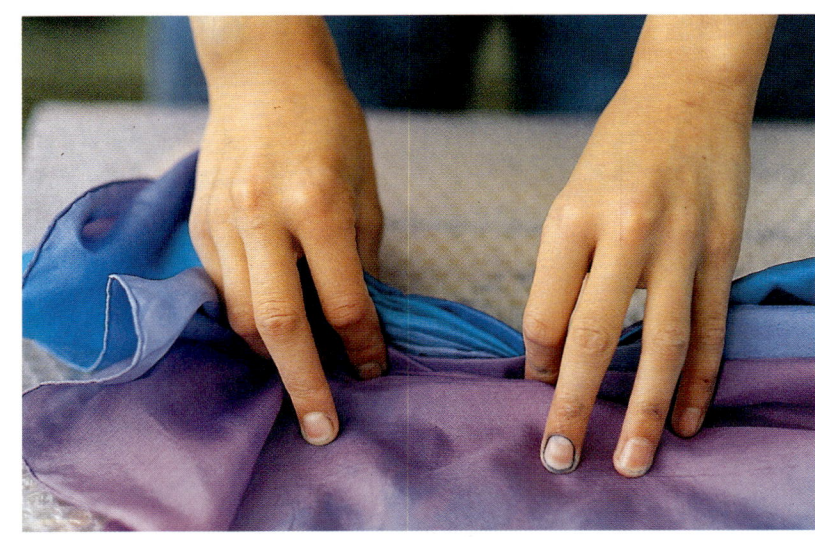

△△ *Du brauchst Hilfe, wenn du den Schal zum Trocknen aufhängst.*

△ *Die getrocknete Seide wird anschließend in kleine Falten gelegt.*

◁ *Drehe den Schal zu einer festen Kordel.*

Rock

Für den Rock plissierst du zwei Stoffbahnen aus dünner Pongé-Seide. Sie sollten so lang sein, wie der Rock werden soll, plus 5 Zentimeter Nahtzugabe für den Saum. Nach dem Trocknen werden zunächst die Bahnen an den Längsseiten zusammengesteppt. Schneide dann einen Taillengummi in entsprechender Länge zu, nähe seine Enden zusammen, und steppe die Seide an. Schließlich nähst du noch einen Saum, indem du die Unterkante zweimal schmal umbügelst und dann mit der Nähmaschine steppst.

PLISSEETECHNIK

◁ *Wickle die Kordel um einen Ziegelstein, und sichere die Enden.*

▷ *Der Seidenschal wird in leicht kochendem Wasser fixiert.*

▽ *Dieser Schal erscheint in den schönsten Regenbogenfarben.*

WACHSTECHNIK 1

Reservierung durch Wachstropfen: An Milchstraßen, Kometen und Sternschnuppen erinnern diese wildgemusterten Tücher. Sie werden zuerst mit heißem Wachs besprenkelt und dann mit Farbe bemalt. Du wirst sehen, daß diese Technik viel Spaß macht. Die Tücher kannst du als Hals- oder Schultertücher tragen oder als Kunstwerke an die Wand hängen.

WACHSTECHNIK 1

Male mit Farben und Wachs ein Stück Weltraum auf ein Tuch. Weil das Wachs die Farben abweist, bleiben einige Stellen weiß. Diese Technik nennt man auch Reservierung mit Wachs.

1. Spanne das Tuch mit Stoßnadeln am Rollsaum auf den Rahmen, den du auf eine Größe von 90 mal 90 Zentimeter eingestellt hast. Du kannst den Rahmen auf einen Tisch legen, der mit Folie abgedeckt ist.

2. Zeichne mit schwarzer Gutta und dem Liner großzügig gebogene und gezackte Linien auf das Tuch. Laß die Gutta gut durchtrocknen.

3. Nun schmelze das Batikwachs in einer Metallbüchse auf einem Stövchen oder im Wachskocher. Aber Vorsicht, das heiße Wachs entzündet sich leicht. Nimm die Büchse mit dem flüssigen Wachs rechtzeitig vom Stövchen. Tränke einen flachen Borstenpinsel mit dem heißen Wachs und laß es mit einem Schwung aus dem Handgelenk über die Seide tropfen. So entstehen die Milchstraßen.

4. Trage nun mit einem Schaumstoffpinsel Farbe auf: zum Beispiel leuchtendes Gelb für die Zickzack-Spitzen, alle anderen Flächen in Grün, Türkis und in Blautönen. Wo die Wachstropfen sind, nimmt der Stoff keine Farbe an und bleibt weiß.

5. Nun muß das kalt gewordene Wachs wieder entfernt werden. Bügle das Tuch zwischen alten Zeitungen. Das Papier saugt das Wachs auf und wird dunkel. Es muß so oft erneuert werden, bis es kein Wachs mehr aufnimmt.

6. Wenn du bügelfixierbare Farben verwendet hast, sind diese jetzt schon waschbeständig. Hast du mit dampffixierbaren Farben gearbeitet, müssen sie noch haltbar gemacht werden.

▷ *Tropfe das Wachs vom Flachpinsel mit einem Schwung aus dem Handgelenk über die Seide. Aber Vorsicht: Verbrenne dir nicht die Hände mit dem heißen Wachs.*

Du brauchst:
rolliertes Tuch aus Pongé-Seide Nr. 6 oder Waschseide, 90 x 90 cm
Rahmen, Stoßnadeln
schwarze Gutta
Liner ohne Spitze
Batikwachs
Metallbüchse,
Stövchen, Teelicht oder Wachskocher
dicken Flachpinsel
Schaumstoffpinsel
Seidenmalfarben
Palette

▷ *Male mit Farbe über die Wachstropfen.*

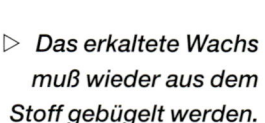
▷ *Das erkaltete Wachs muß wieder aus dem Stoff gebügelt werden.*

WACHSTECHNIK 2

Breite Wachsstreifen auf leuchtendem Grund: Male Muster, die an Kopfsteinpflaster erinnern oder ein wahres Feuerwerk von Farben und Formen ergeben. Mit dieser Technik kannst du große Flächen auffällig gestalten. Zunächst legst du eine Grundierung in kräftigen Farben an. Darüber kommt Wachs mit breiten Pinselstrichen. Die letzte Farbschicht trägst du in einer dunklen Farbe auf.

WACHSTECHNIK 2

◁ *Lege mit dicken, großzügigen Pinselschwüngen eine Grundierung an.*

Du brauchst:
rolliertes Tuch aus Pongé-Seide, 90 x 90 cm
Rahmen, Stoßnadeln
Batikwachs
Metallbüchse,
Stövchen, Teelicht oder Wachskocher
Schaumstoffpinsel
breiten Borstenpinsel
Seidenmalfarben
Palette

4. Schmelze das Batikwachs entweder in einer Metallbüchse auf einem Stövchen oder im Wachskocher. Trage das Wachs dann mit einem breiten Borstenpinsel auf. Dadurch kannst du verschiedene Muster erzeugen: regelmäßige, dichte Streifen sind möglich oder unregelmäßige Bahnen, die kreuz und quer verlaufen. Später werden die Untergrundfarben nur an den Stellen, die mit Wachs bedeckt waren, durchscheinen.

5. Übermale die Fläche mit einer dunklen Farbe, zum Beispiel leicht verdünntem Schwarz oder Olivgrün. Die nicht reservierten Stellen, an denen kein Wachs ist, nehmen die Farbe auf. Auf dem Wachs dagegen perlt das Schwarz in kleinen Tröpfchen ab.

Der Kontrast zwischen den leuchtenden, hellen Farben und den dunklen Tönen entsteht, wenn der Stoff zuerst grundiert wird, bevor er den reservierenden Wachsauftrag erhält. Auf diese Weise kannst du die pfiffigsten Muster entwerfen.

1. Stelle den Rahmen auf eine Größe von 90 mal 90 Zentimetern ein, und spanne dann das Tuch mit Stoßnadeln auf.

2. Lege zunächst eine Grundierung an. Das geht am besten mit einem Schaumstoffpinsel, mit dem du in großzügigen Schwüngen über den Stoff fahren kannst. Trage die Farben in breiten Streifen oder in großen Klecksen auf. Wenn du kräftige Töne verwendest, wird die Wirkung besonders schön.

3. Föne den Stoff, bis er vollständig trocken ist.

▷ *Föne die Grundierung trocken.*

WACHSTECHNIK 2

▷ *Das Wachs wird mit einem breiten Borsten-pinsel kreuz und quer oder in regelmäßigen Streifen aufgetragen.*

WACHSTECHNIK 2

◁ *Dieses Tuch wurde zuerst mit leuchtenden Farben grundiert. Die Streifen verlaufen regelmäßig und schräg über die Fläche.*

▽ *Die letzte dunkle Farbschicht kommt über das Wachs.*

6. Willst du die Farbtropfen auf der Wachsschicht erhalten, mußt du die Malerei mindestens zwei Tage trocknen lassen. Das ergibt einen interessanten Effekt.

7. Bügle das Wachs zwischen alten Zeitungen aus dem Stoff, wenn die letzte Farbschicht getrocknet ist. Wechsle das Papier so oft aus, bis es kein Wachs mehr aufnimmt.
Wenn du das Tuch nicht zwei Tage lang getrocknet hast, sind die Farbtropfen auf dem Wachs noch feucht. In diesem Fall verschwinden sie mit dem schmelzenden Wachs.

8. Hast du dampffixierbare Farben verwendet, mußt du das Tuch noch fixieren. Bügelfixierbare Farben sind jetzt bereits waschbeständig.

Gemalte Märchenträume

Träumst du auch von goldenen Schlössern, von Aladins Wunderlampe oder einem Flug durch den Weltraum? Male mit Goldgutta und Salzeffekten die schönsten Märchen auf Seide. Wenn du anschließend dein Bild rahmst, kannst du es sogar an die Wand hängen.

Du brauchst:

dünne Pongé-Seide,
45 x 55 cm
Bleistift, Lineal
Papier
Rahmen, Dreizackstifte
goldene Gutta
Liner
Seidenmalfarben
Pinsel
Salz

Märchen malen

Mit Goldgutta, Farben und Effektsalz kannst du die schönsten Märchenträume malen.

1. Zeichne zunächst ein Bild aus deinem Lieblingsmärchen mit Bleistift auf Papier vor. Das ist deine Skizze, die du später auf die Seide überträgst. Das Papier sollte genauso groß wie der Stoff sein, den du bemalen willst.

jetzt direkt unter dem Stoff und die Bleistiftzeichnung scheint durch.

4. Übertrage deinen Entwurf mit Bleistift auf die Seide. Zeichne mit einem Lineal auch Linien für eine Umrandung vor.

5. Du drehst den Rahmen wieder um und mußt nun alle Konturen des Bildes mit Goldgutta anlegen. Setze auf den Liner eine Metallspitze von 0,7 Millimetern. Achte darauf, daß

△ *Male dein Lieblingsmärchen oder ein tolles Schloß auf Seide.*

2. Stelle den Rahmen auf die richtige Größe ein und spanne die Seide mit Dreizackstiften auf. Sie sollte so straff gespannt sein, daß sich alle Falten glattziehen.

3. Drehe den Rahmen mit der aufgespannten Seide um und lege ihn auf deine Skizze. Das Papier liegt

die Linien beim Zeichnen nicht verwischen. Alle Guttalinien müssen geschlossen sein, damit die Farbe nicht verlaufen kann. Ziehe auch die Linien für den Bildrand nach; sie sollten möglichst gerade werden. Die Gutta muß gut trocknen, bevor du mit Farbe weitermalst.

6. Male dein Bild in leuchtenden Farben aus. Den Hintergrund kannst du in verschiedenen Blautönen gestalten, zum Beispiel in Saphir, Türkisblau, Azur, Meerblau oder Violett. Es ist auch ein schöner Effekt, wenn die Blautöne ineinanderlaufen.

7. Streue Salzkörner in die noch feuchte Hintergrundfarbe. Das Salz zieht die Farbe zusammen und es entstehen tolle Strukturen. Nimm die Salzkörner vorsichtig von der Seide, wenn das Salz getrocknet ist.

8. Für die Umrandung des Bildes verwendest du am besten ein dunkles Blau, zum Beispiel Preußischblau. Mische es mit nur wenig Wasser. Durch den dunklen Rahmen wirken die Farben noch leuchtender.

9. Fixiere die Farben, um sie haltbar zu machen.

△ *Salzkörnchen werden direkt in die feuchte Farbe des Hintergrundes gestreut.*

▷ *Das Märchenschloß wurde in Rot- und Goldtönen gemalt.*

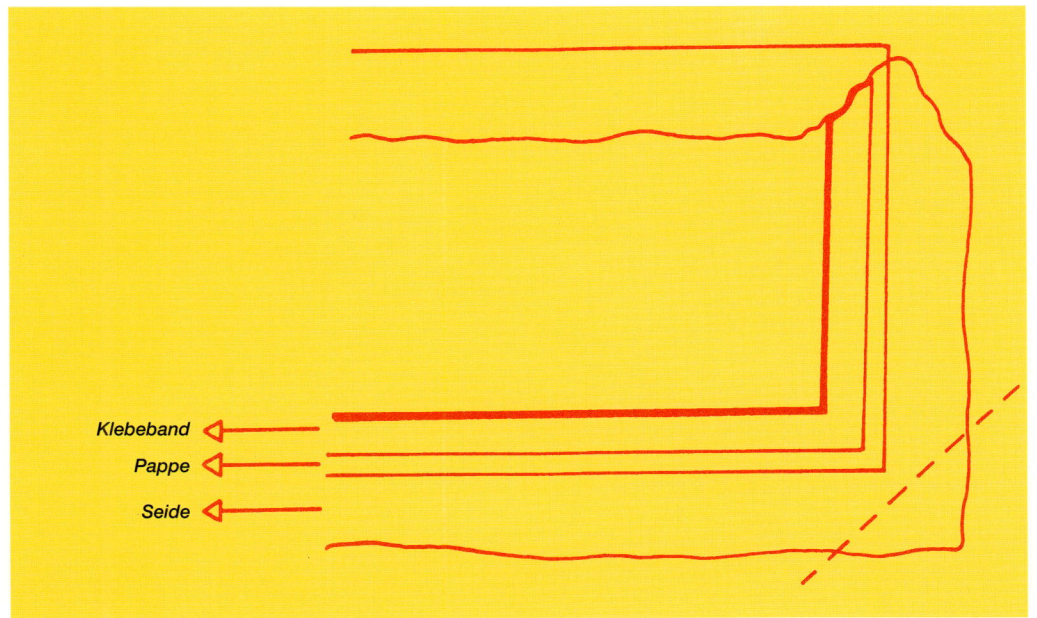

Klebeband

Pappe

Seide

▽ *Träume vom Fliegen werden wahr. Mit Heißluftballon und fliegendem Teppich geht es zu Aladins Schloß.*

Klebe auf die Rückseite der Pappe doppelseitiges Klebeband. Ziehe dann die Seide straff um die Kanten.

Bild rahmen

Du kannst dein Märchenbild auf eine stabile Pappe spannen und in einen schönen Bilderrahmen montieren. Dafür brauchst du ein Stück Pappkarton, das in den Bilderrahmen paßt. Es muß etwas kleiner als die bemalte Seide sein. Die Pappe sollte ganz weiß sein, damit die Farben schön zur Geltung kommen. Du kannst auch auf einen grauen Pappkarton ein weißes Blatt Papier legen.

Auf die Rückseite der Pappe klebst du an den Rändern entlang doppelseitiges Klebeband. Nun ziehst du sorgfältig die Seide straff um zwei gegenüberliegende Kanten und klebst sie fest. Dann befestigst du die anderen beiden Seiten. Nun kannst du das Bild in einen Rahmen einlegen. Laß dir von einem Erwachsenen helfen, wenn du einen Nagel in der Wand befestigst. Jetzt hängst du dein Bild auf.

Tuchmarionetten

Diese Puppen tanzen, schweben mit wehenden Gewändern, vielleicht sprechen sie sogar! Wenn ihr mehrere Kinder seid, könnt ihr ein richtiges Marionettenspiel aufführen. Für den Kopf ist etwas Näharbeit erforderlich. Im Handumdrehen ist das Gewand der Puppen mit Goldgutta und Farben bemalt.

Gewand

Fertige zunächst das Kleid für deine Marionette:

1. Spanne Pongé-Seide von circa 50 mal 50 Zentimetern auf den Rahmen.

2. Zeichne mit Goldgutta einen großen Kreis, der fast bis an die Ränder des Stoffes reicht. Setze für den Kragen in die Mitte eine Blume oder einen Stern.

3. Male den Kreis aus, und streue Salz in die noch feuchte Farbe. Fixiere die Farbe nach dem Trocknen.

4. Schneide den Kreis aus und schlitze die Mitte des Kragens kreuzweise ein.

Kopf

Schneide zunächst vom Schlauchverband 15 Zentimeter ab, und nähe dann eine Seite zu. Wende den Schlauch und ziehe ihn sehr straff über ein festgewickeltes Wollknäuel mit einem Durchmesser von 5 Zentimetern. Binde mit festem Garn den Hals ab.

Forme das Gesicht, indem du den Kopf in Augenhöhe einmal abbindest. Hefte als Nase eine winzige Wattekugel mit ein paar Stichen fest.

Schneide aus hautfarbenem Jerseystoff ein Rechteck von 10 mal 13 Zentimetern. Den Stoff mußt du auf das Gesicht legen und sehr fest nach hinten ziehen.

Nähe den Stoff am Hinterkopf zusammen und binde ihn am Hals ab. Nimm für das Haar eine wuschelige Wolle und lege sie vom Oberkopf her in Schlaufen, die du festnähst.

Markiere die Augenpunkte mit zwei Stichen und festem Garn. Laß die Enden des Fadens in der Frisur verschwinden und verknote sie fest. Male dann mit Stoffmalfarben zwei schwarze Augen und einen roten Mund.

◁ *Mit der gespreizten Hand kannst du die Marionette bewegen.*

Du brauchst:
für das Gewand:
Pongé-Seide,
50 x 50 cm
Rahmen, Dreizackstifte
goldene Gutta
Seidenmalfarben
Pinsel
Salz
Schere

für den Kopf:
Wollknäuel
15 cm Schlauchverband Tg 5 (Apotheke)
hautfarbenen Jerseystoff
Watte
Wolle für Haare
Stoffmalfarbe
Bindfaden
hellbraunes Nähgarn
Nähnadel
Stecknadeln

▷ *Beim ersten Kopf ist ein Wollknäuel mit einem Schlauchverband bezogen und unten abgebunden. Auch die Augenlinie ist mit einem Bindfaden markiert. Der zweite Kopf hat schon den hautfarbenen Bezugsstoff. Beim dritten Kopf ist alles komplett.*

Ziehe den Schlauchverband über ein Wollknäuel von 5 Zentimetern Durchmesser. Binde den Kopf in Augenhöhe und am Hals ab. Hefte eine Wattekugel als Nase an.

Montage

Beziehe zwei kleine Wattekugeln mit Jerseystoff und binde sie ab. Das sind die Hände. Nähe den Kopf an den Kragen des Gewandes; befestige die Hände ein Stück vom Kopf entfernt in kleinen Schlitzen im Gewand. Nähe beide Enden eines langen Bindfadens am Kopf fest. So entsteht eine Schlaufe, mit der du den Kopf bewegen kannst. Ein anderer Bindfaden wird an je einer Hand angeknotet.

Leuchtende Fensterbilder

Schöne Aussichten auch an trüben Tagen: Verziere dein Fenster mit Bildern, die durch das Tageslicht wunderschön leuchten. Die bespannten Rahmen gibt es im Bastelladen fertig zu kaufen. Du kannst Tiere malen, Häuser und Landschaften oder dir die phantasievollsten Motive selbst ausdenken.

Die fertig gerahmten Fensterbilder mußt du nur noch bemalen und durch Bügeln fixieren. Dann kannst du sie in dein Fenster hängen.

1. Lege den Rahmen auf ein Transparentpapier und zeichne seine Umrisse mit Bleistift vor. Entwirf auf dem Papier ein Motiv in den Konturen des Rahmens. Versuche es mit einer Ente, mit Bärchen, Rosen oder Landschaftsbildern. Auf einen Rahmen mit Winkelform lassen sich gut Häuser malen. Du kannst auch die Schablonen von Katze oder Eulen aus dem Buch abpausen.

2. Lege den Rahmen flach auf den Entwurf und zeichne das Motiv mit Bleistift auf die Seide durch.

3. Ziehe die Linien mit farbloser Gutta nach. Benutze dafür den Liner mit Spitze. Die Guttalinien müssen geschlossen sein, damit die Farbe nicht ausläuft.

4. Male die Flächen aus, indem du ähnliche Farben ineinanderlaufen

◁ *Die Ente wurde mit schwarzen Guttalinien umrandet.*

Du brauchst:
gerahmtes Fensterbild
Bleistift, Transparentpapier
farblose und goldene Gutta
Liner mit Spitze
bügelfixierbare Seidenmalfarben
Pinsel
Bügeleisen
Stopfnadel
Perlonschnur

▷ *Verwende vor allem helle Farben für die Fensterbilder.*

▽ *Lege die Konturen zuerst mit farbloser Gutta an.*

läßt. Setze zum Beispiel bei den Tierformen Schattierungen. Dafür gibst du in die noch feuchten, hellen Grundfarben am Rand dunklere Farben.

5. Einige schwarze Guttalinien können in deinem Bild noch mehr Kontraste schaffen.

6. Nach dem Trocknen werden die Farben durch Einbügeln fixiert. Gleite mit dem Bügeleisen bei Einstellung Baumwolle mehrere Minuten über die Bildrückseite.

7. Stich mit einer Nadel unter den oberen Rand. Ziehe eine Perlonschnur durch und verknote sie. So kannst du dein leuchtendes Bild im Fensterrahmen aufhängen.

◁ Fixiere die Farben nach dem Trocknen mit dem Bügeleisen.

▷ Bärchen und rote Rosen passen gut zur Herzform des Rahmens.

▷ Leuchtende Landschaften im Fenster sorgen für Ferienstimmung zu Hause.

▽ Rahmen mit einer Winkelform eignen sich sehr gut für Häuser.

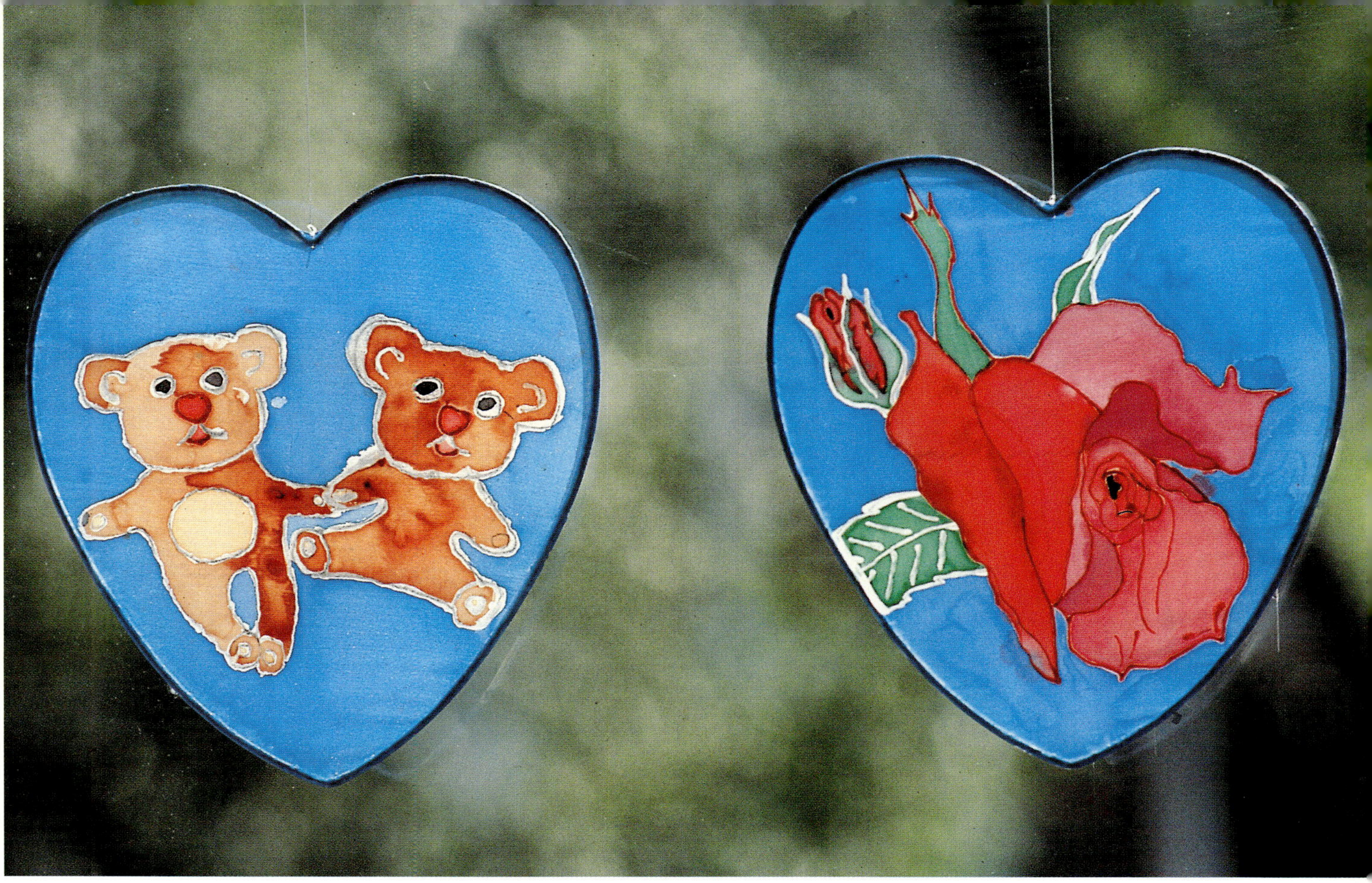

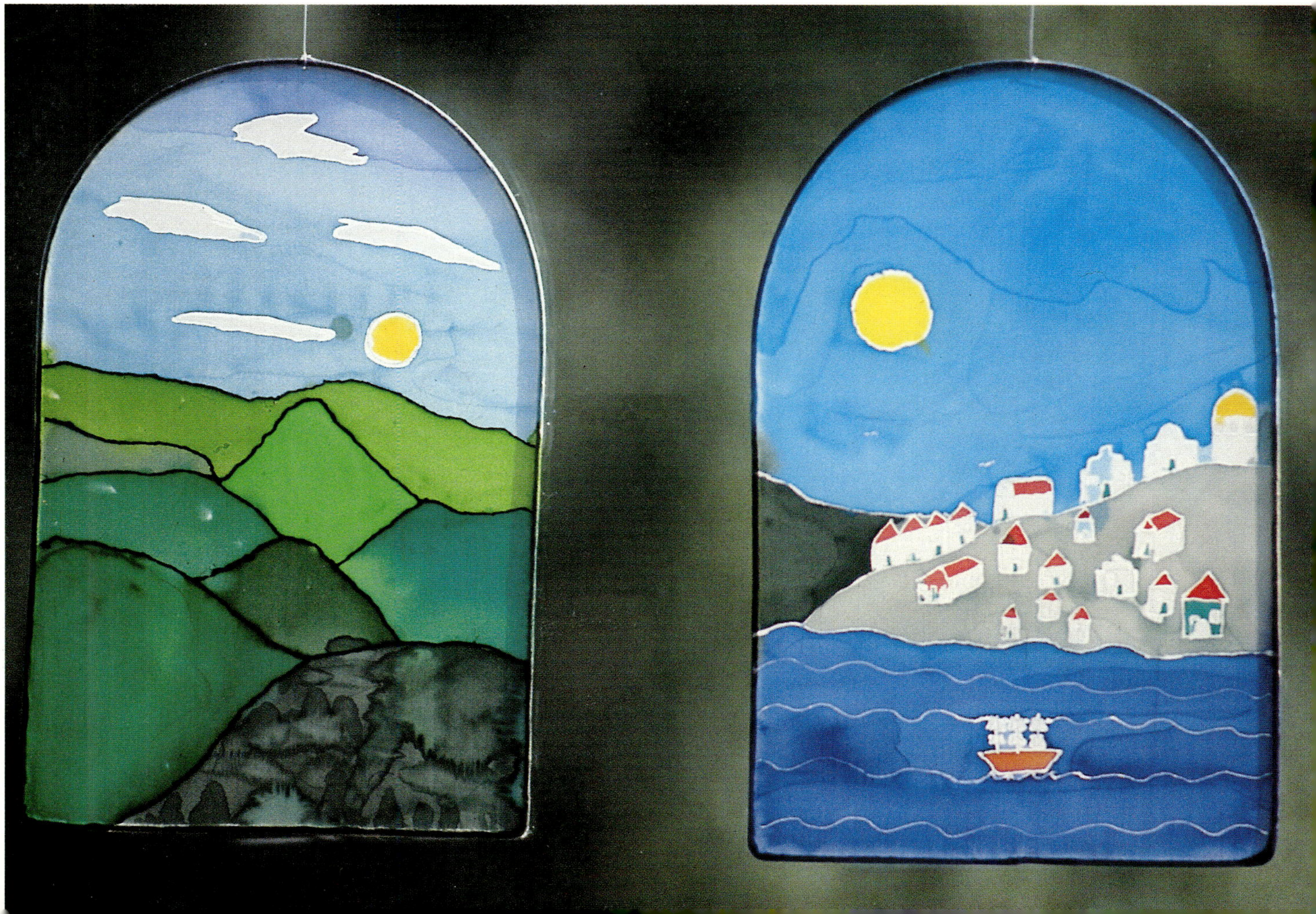

Haarreifen und Stirnbänder

Die lustigen Haarreifen und Stirnbänder kannst du mit grafischen Mustern oder mit Farbverläufen in Regenbogenfarben gestalten. Sie sehen in jedem Fall sehr schick aus.

Haarreifen

Die gepolsterten Haarreifen gibt es im Bastelladen als fertige Rohlinge aus weißer Seide.

1. Zeichne mit schwarzer Gutta ein Muster mit einfachen Formen: Dreiecke, Spiralen, Karos. Benütze einen Liner mit Metallspitze. Bedecke die ganze Vorderseite des Reifens mit dem Muster. Dabei kannst du ihn einfach über das Knie spannen.

▷ Phantasievoll bemalte Stirnbänder sehen toll aus.

Du brauchst:
fertiges Stirnband mit Gummizug oder Haarreifen aus weißer Seide
Pappe als Unterlage
farbige Gutta
Liner mit Spitze, 0,7 oder 0,9 mm
bügelfixierbare Seidenmalfarben
Pinsel, Palette
Bügeleisen

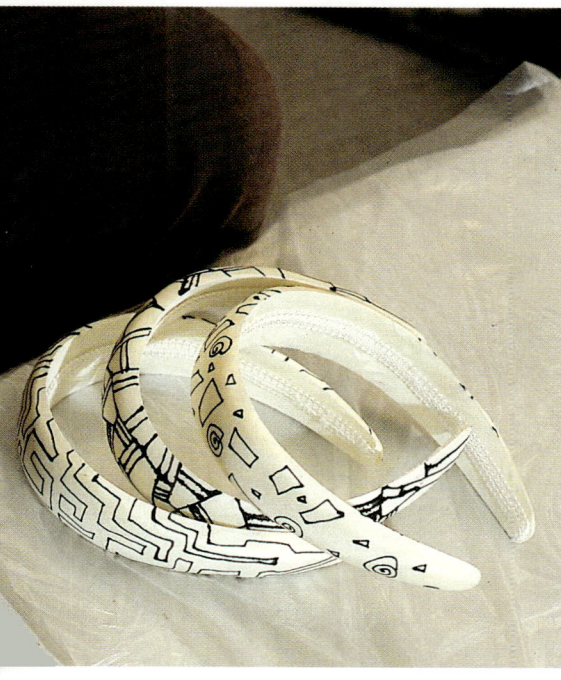

◁ Zeichne mit schwarzer Gutta einfache Formen auf die Haarreifen.

▽ Spanne die Stirnbänder zum Bemalen auf Pappe.

2. Male alle Formen mit Bügelfarben aus. Mische auch die einzelnen Farben untereinander.

3. Fixiere die Farben, indem du mit dem heißen Bügeleisen ein paar Minuten über den Reifen gleitest.

Stirnband

Die lustigen Stirnbänder gibt es fertig genäht aus weißer Seide. Hinten haben sie ein Gummiband, so daß sie für jede Kopfgröße passen. Bestimmt fallen dir schöne Muster ein, die du auf die Bänder malen kannst.

1. Spanne die Bänder zum Bemalen über eine stabile Pappe.

2. Laß Regenbogenfarben mit viel Wasser im Verlauf von Blau, Violett, Karminrot, Gelb und Grün ineinanderlaufen. Du kannst auch mit Gutta Muster vorzeichnen und diese ausmalen. Bedecke die ganze Außenfläche der Stirnbänder mit Farben.

3. Fixiere die Farben nach dem Trocknen mit dem heißen Bügeleisen bei Einstellung Baumwolle.

Beutel und Haarbänder

Die kleinen Beutel sind ein ideales Geschenk. Natürlich kannst du sie als Duftbeutel oder Geldbörse auch selbst verwenden. Ausgesprochen schick sind die Haarbänder mit Gummizug. Beides ist aus Stoffresten herzustellen oder du bemalst dafür eigens die Seide.

Stoff

Für die Beutel und die Haarbänder kannst du ein Stück Stoff eigens bemalen. Genausogut ist es aber möglich, Stoffreste zu verwenden, die von der Arbeit an anderen Projekten übriggeblieben sind.

1. Spanne ein Stück Seide mit Dreizackstiften auf einen Rahmen, den du zuvor auf die richtige Größe eingestellt hast.

2. Bemale die Seide in deinen Lieblingsfarben. Die nassen Farben kannst du auch in fließendem Übergang ineinanderlaufen lassen.

3. Streue Salz in die noch feuchte Farbe. Laß die Farbe und das Salz trocknen, und nimm dann die Salzkörner wieder vom Stoff.

4. Fixiere die Farben, um sie waschbeständig zu machen.

Beutel

Aus dem durch die Salztechnik gesprenkelten Stoff kannst du kleine Beutel anfertigen. Sie sind als Duftsäckchen geeignet, als Geldbörse oder einfach als kleines Geschenk.

1. Schneide aus der Vlieseline ein Stück von 20 mal 17 Zentimetern

△ *Hübsch zu den gesprenkelten Seiden sind einfarbige Futterstoffe und Bänder in kräftigen Farben.*

▽ *Es lohnt sich immer, gleich mehrere Beutel zu nähen. Zuerst wird die Vlieseline aufgebügelt, dann die Seide zugeschnitten.*

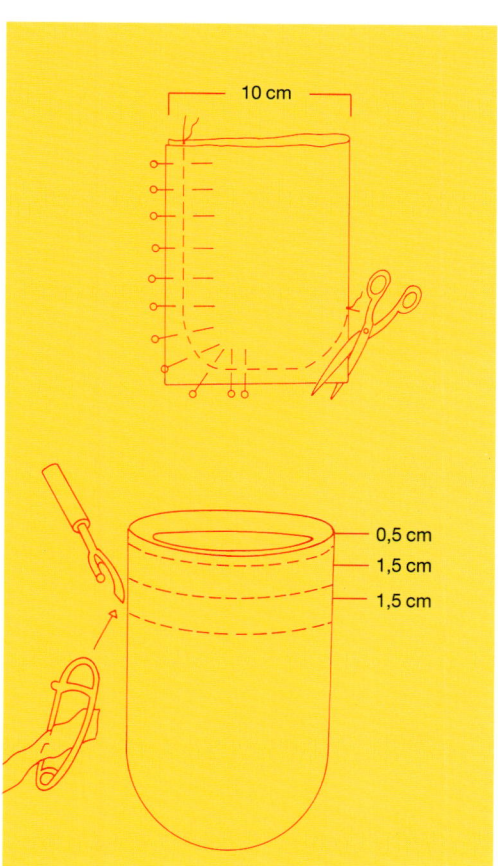

10 cm

0,5 cm
1,5 cm
1,5 cm

Steppe auf der Rückseite des Beutels an der Nahtlinie entlang, und schneide die Ecken rund zu. Bei einem gefütterten Beutel ziehst du ein Zugband zwischen der zweiten und dritten Naht ein.

aus. Bügle es auf einen bemalten und fixierten Seidenstoff. Erst danach wird die Seide in der gleichen Größe ausgeschnitten.

2. Lege die Seide doppelt, so daß die Vlieselineschicht nach außen zeigt. Stecke sie mit Nadeln fest.

3. Zeichne mit einem weichen Bleistift die Nahtlinien wie auf der Skizze ein. Der Beutel soll unten eine etwas abgerundete Form haben.

4. Steppe nun mit der Nähmaschine genau auf der Nahtlinie entlang, und schneide die Nahtzugaben an den Ecken zurück.

5. Wende den Beutel und bügle die Nähte aus. Lege den oberen Rand 0,5 Zentimeter nach innen und bügle ihn um.

Falls du deinen Beutel als Duftsäckchen verwenden willst, brauchst du ihn nur zu füllen und mit einem hübschen Schleifenband oben zuzubinden. Es sieht gut aus, wenn du zu dem gesprenkelten Seidenstoff des Beu-

tels ein Band in einer kräftigen Farbe verwendest. Jetzt kannst du den Beutel mit Lavendel oder anderen wohlriechenden Kräutern füllen und zum Beispiel in deinen Schrank legen. Du wirst staunen, wie gut deine Wäsche schon bald riecht.

Willst du eine Geldbörse schneidern, brauchst du noch einen Futterbeutel, der genauso, aber ohne Vlieseline

△ *So sehen die Beutel vor und nach dem Nähen und Wenden aus.*

Du brauchst:
bemalte und fixierte Seide
aufbügelbare Vlieseline
Schleifenband
Gummiband
Bleistift
Schere
Stecknadeln
Nähnadel
Garn
Sicherheitsnadel
Bügeleisen
Nähmaschine

◁ *Steppe den gefütterten Beutel mit der Nähmaschine dreimal am oberen Rand entlang.*

gearbeitet wird. Am besten verwendest du einen passenden, einfarbigen Stoff. Den Futterbeutel brauchst du nicht zu wenden. Du steckst ihn einfach in den mit Vlieseline verstärkten Beutel und heftest die oberen Kanten mit Stecknadeln aufeinander.
Steppe dann, wie in der Skizze angegeben, dreimal am oberen Rand ent-

△ Wende zuerst den Schlauch auf die richtige Seite, und bügle dann die Naht aus.

▽ Wenn du längere Haare hast, kannst du gleich mehrere Haarbänder tragen.

lang. Wenn du eine Freiarmmaschine hast, ist es kein Problem, das Säckchen beim Nähen immer zu drehen.
Für den Zugsaum mußt du nun die Naht zwischen der zweiten und dritten Steppnaht auftrennen. Dann ziehst du mit Hilfe einer Sicherheitsnadel ein Schleifenband ein.
Jetzt kannst du deine Geldbörse zum Beispiel an den Gürtel binden. Durch den Zugsaum ist sie leicht zu öffnen und wieder zu schließen.

Haarband

Hübsche Haarbänder aus Stoffresten sind schnell und einfach zu machen. Am besten nähst du gleich mehrere, passend zu deiner Kleidung.

1. Schneide aus einem bemalten und fixierten Seidenstoff einen Streifen von 54 mal 14 Zentimetern. Der Streifen kann auch aus mehreren Teilen bestehen, die verschiedene Farben haben. Du mußt sie dann nur noch zusammennähen.

2. Falte den Streifen einmal der Länge nach, so daß die Rückseite des Stoffes außen liegt. Gleite mit dem heißen Bügeleisen einmal kurz über den Falz. Steppe den Streifen an den Längsseiten, 1 Zentimeter von der Stoffkante entfernt, mit der Nähmaschine zusammen.

3. Wende jetzt den Schlauch auf die Vorderseite und bügle die Naht sauber aus.

4. Ziehe mit Hilfe einer Sicherheitsnadel ein Gummiband ein und verknote seine Enden miteinander.

5. Lege an den offenen Kanten den Seidenstoff 1 Zentimeter nach innen. Nähe die beiden Kanten zusammen. Achte jedoch darauf, daß das Haarband hohl bleibt. Es geht am leichtesten, wenn du die letzte Naht mit der Hand fertigst.

Schmuck aus Seidenresten

Zum Verschenken oder Selbertragen eignen sich die knallig bunten Ketten, die Armbänder oder die süßen Katzenbroschen. Die Form der Katzen kannst du vom Schnittmuster ganz einfach auf den Stoff übertragen.

Katzenbrosche

Die Katzen haben sehr große Augen und ein ausdrucksvolles Gesicht. Du kannst sie als Brosche am Pullover

tragen oder als Talisman an Rucksack oder Sportbeutel heften.

1. Verstärke den Seidenstoff, indem du Vlieseline aufbügelst.

2. Fertige dir eine Schablone aus dünner Pappe an. Pause dafür das Schnittmuster aus dem Buch auf Transparentpapier, klebe das Transparentpapier auf Pappe, und schneide die Figur aus.

3. Lege nun die Schablone auf den Stoff, und schneide Katzenkörper oder -kopf mit 0,5 Zentimetern Nahtzugabe zweimal aus.

4. Lege die Seiten rechts auf rechts aufeinander und befestige sie mit ein paar Stecknadeln. Zeichne dir mit Bleistift die Nahtlinien ein, indem du noch einmal die Schablone auf den Stoff legst.

5. Steppe nun mit deiner Nähmaschine genau auf der Nahtlinie entlang. Laß circa 5 Zentimeter der Naht offen zum Wenden.

6. Schneide an den Rundungen

▽ *Die lustigen Katzenbroschen haben aufgestickte Gesichter.*

die Nahtzugaben bis zur Naht ein. Wende die Hülle und stopfe sie mit Bastelwatte aus. Drücke die Watte mit einem Stift fest.

7. Schließe die Öffnung mit kleinen Stichen. Das geht am besten mit der Hand.

8. Sticke mit Sticktwist das Gesicht wie auf der Abbildung. Verwende für die Schnurrhaare gelbe und orange Fäden. Sichere den Stickfaden am hinteren Ende mit einem Knoten, stich auf der Rückseite des Kopfes ein und ziehe den Knoten nach innen durch.

9. Nähe auf der Rückseite der Katze eine Broschennadel mit ein paar Stichen fest.

Kette

Aus bunten Seidenresten kannst du lustige Ketten basteln.

1. Schneide aus dem Stoff Kreise von 10 Zentimetern Durchmesser mit der Schere aus. Du kannst die Kreise mit einem runden Deckel und einem Bleistift vorzeichnen.

△ *Ketten und Arm-*
bänder sind aus
buntem Seidenstoff.

Du brauchst:
bemalte Seidenreste
Schere, Bleistift
Stecknadeln
Nähnadel, Garn
Sticktwist
Nähmaschine

für die Katzenbrosche:
Vlieseline
Pappe
Transparentpapier
Bastelwatte
Broschennadel

für die Kette:
Wattekugeln
Lederschnur

für das Armband:
Sicherheitsnadel
Einlagestoff, Knopf

2. Für die Perlen brauchst du Wattekugeln aus dem Bastelladen, die mit der Seide eingepackt werden. Binde den Stoff mit einem kräftigen Faden ab, der ein paarmal umwickelt und verknotet wird.

3. Befestige nun vier bis fünf Perlen in einem Abstand von ungefähr 5 Zentimetern an einer Lederschnur – fertig ist die tolle Kette.

Armband

Freundschaftsbänder zum Selbermachen: gepolsterte Seidenschläuche werden ein- oder zweimal ums Handgelenk geschlungen und mit einem schönen Knopf geschlossen.

1. Schneide aus bemaltem Seidenstoff 5 Zentimeter breite Streifen zu. Für ein einfaches Armband sollten sie 21 Zentimeter lang sein, für ein doppeltes mindestens 35 Zentimeter.

2. Falte den Streifen in der Längsrichtung, so daß die Rückseite des Stoffes nach außen zeigt. Stecke den Stoff mit Nadeln fest.

3. Steppe mit der Nähmaschine mit 0,5 Zentimetern Abstand an der Kante entlang. Auf diese Weise entsteht ein Schlauch.

4. Um den Schlauch zu wenden, mußt du eine Sicherheitsnadel an einem Ende befestigen. Schiebe die Sicherheitsnadel so durch den Stoffschlauch, daß die Naht außen liegt. Du kannst auch einen Stift zu Hilfe nehmen.

5. Schneide aus einem Einlagestoff einen 4 Zentimeter breiten Streifen zu, der etwas länger als der Stoffschlauch sein sollte. Falte den Einlagestoff mehrmals in Längsrichtung, so daß eine gepolsterte Rolle entsteht. Nähe die Rolle mit ein paar großen Stichen zusammen.

6. Befestige nun die Sicherheitsnadel an der Einlage und ziehe die Rolle in den Seidenschlauch ein. Die Seide soll fest ausgepolstert werden. Überschüssigen Einlagestoff an den Enden des Schlauches kannst du einfach abschneiden.

7. Klappe die Enden des Seidenschlauches nach innen. Schließe die Naht sorgfältig durch kleine Stiche mit der Hand.

8. Arbeite nun aus Sticktwist eine Knopflochschlaufe. Sichere dafür den Faden mit einem festen Knoten. Stich mit der Nadel an einem Ende des Armbandes durch den Stoff und ziehe so lange an, bis der Knoten den Faden stoppt. Führe die Nadel ein zweites Mal durch den Stoff, so daß der Faden eine kleine Schlaufe bildet. Sichere jetzt auch das andere Fadenende mit einem Knoten.

9. Um das Armband zu schließen, mußt du jetzt an seinem anderen Ende nur noch einen Knopf annähen. Schon kannst du das tolle Schmuckstück anlegen.

Schirme mit Himmelsmotiven

Sonne, Mond, Sterne und ein prächtiger Regenbogen leuchten auf dunklem Grund.
Oder es tummelt sich eine muntere Vogelschar vor einem blauen Himmel: Die
bemalten Schirme verbreiten ein fröhliches Strahlen auch an grauen Regentagen.

Wenn du deinen Schirm mit Vögeln bemalen willst, solltest du dir zunächst Vorlagen für die Motive besorgen. Vielleicht findest du ein Buch mit Fotos von Vögeln, oder du zeichnest sie aus dem Biologiebuch ab. Der andere Schirm mit Sonne, Mond, Sternen und einem Regenbogen ist frei zu zeichnen oder man malt die Motive von Geschenkpapieren oder alten Zeitschriften ab. Natürlich kannst du auch eigene Motive in leuchtenden Farben frei erfinden.

1. Skizziere deine Motive zunächst mit Bleistift auf Papier und verstärke dann die Linien mit einem Filzstift. Lege die Zeichnungen unter den Schirm und befestige sie mit Klebeband. Nun kannst du sie sehr leicht mit einem weichen Bleistift auf die Seide durchzeichnen. Bei dem Schirm mit den Vögeln wiederholen sich die Motive seitenverkehrt.

2. Zeichne alle Linien mit transparenter Gutta nach. Die Formen sollen geschlossen sein, damit die Farbe nicht verläuft. Zur Sicherheit kannst du alle Linien noch einmal von der Unterseite nachzeichnen. Achte insbesondere an den Nähten des Schirms darauf, daß die Gutta den Stoff vollständig durchdringt.

3. Male nun mit unverdünnten Bügelfarben Sonne, Mond, Sterne und Regenbogen aus. Die Vögel und Wolken solltest du zunächst mit dem Pinsel etwas anfeuchten. Dann wird die verdünnte Farbe vom Rand her ins Innere der Formen getupft. So wirken diese Farben pastellig.

4. Male den Hintergrund partienweise aus. Alle Farben des Schirms mit Sonne und Sternen wurden zweimal aufgetragen. Auf diese Weise konnten ausgelaufene Stellen korrigiert werden. Auch wirken die Far-

△ *Beim zweiten Farbauftrag für den Hintergrund läuft die blaue Farbe nicht mehr aus.*

Du brauchst:
Schirm aus Habotai-Seide
Bleistift, Papier
Filzstift
farblose Gutta
Liner mit Spitze
bügelfixierbare Seidenmalfarben
Pinsel, Palette
Textil-Filzstift
Haarfön
Imprägnierspray

▷ *Damit es klare Konturen gibt, umrandest du die Motive mit einem Textil-Filzstift.*

ben leuchtender, wenn das Gelb kräftiger und der Hintergrund dunkler erscheint. Das Blau des Schirms mit den Vogelmotiven wurde ebenfalls in zwei Schichten aufgetragen.

5. Umrande jetzt die Motive mit einem Textil-Filzstift in Schwarz oder Blau. Das läßt die Zeichnung deutlicher erscheinen und korrigiert auslaufende Farben.

6. Fixiere die Farben mit dem Haarfön. Unter der Hitze verbinden sie sich mit der Seide. Wenn du den Schirm zusätzlich noch mit einem Spezialspray imprägnierst, hält er auch einem Nieselregen stand.

Sonnenhut, Schirmmützen und Bauchtaschen

Bemale Hut, Mützen oder Taschen knallig bunt. Sie werden unverwechselbar, wenn du sie auch mit Tiermotiven oder deinem Namen in Schwarz verzierst.

◁ *Die Schirmmützen oder den Sonnenhut kannst du mit Tiermotiven oder deinem Namenszug schmücken.*

▷ *In den Bauchtaschen haben der Proviant, deine Geldbörse oder von dir gesammelte bunte Steine Platz.*

Du brauchst:
Baseballmütze, Sonnenhut, Bauchtasche, fertig genäht
Zeitungspapier
schwarzen Lackstift für Stoff oder schwarze Gutta mit Liner
bügelfixierbare Seidenmalfarben
Pinsel, Palette
Bügeleisen

Hut und Mützen

Die frechen Baseballmützen oder den schicken Sonnenhut aus weißer Seide gibt es fertig genäht im Bastelladen. Zeichne auf ihnen mit einem Lackstift oder mit schwarzer Gutta. Oder du nimmst zum Bemalen Regenbogenfarben, die du ineinanderlaufen läßt.

1. Zerknülle altes Zeitungspapier und stopfe es in den Hut oder die Mütze. So kannst du besser malen.

2. Zunächst zeichnest du Motive auf Hut oder Mütze. Dafür solltest du einen schwarzen Lackstift für Stoff oder schwarze Gutta im Liner ohne Spitze verwenden. Zum Beispiel kannst du auf dem Hut einige Tiere aus dem Meer darstellen: Muschel, Seepferdchen und Delphin. Oder du schreibst schwungvoll deinen Namen auf eine Baseballmütze.

3. Bemale, wenn die Zeichnungen getrocknet sind, Kappe oder Hut in leuchtenden Farben. Die Schirme der Baseballmützen haben einen Regenbogenverlauf von Grün, Blau, Violett, Rot, Orange und Gelb. Die abgesteppte Krempe des Sonnenhutes hat Streifen in Gelb- und Grüntönen. Die gezeichneten Motive werden mit gelber Farbe gefüllt. Die übrigen Flächen auf Hut und Mützen kannst du in Grün und Blau anmalen.

4. Bemale nach dem Trocknen der Oberseiten auch die Innenseiten. Wende dafür Schirmkappe oder Hut und stopfe sie noch einmal mit Zeitung aus. Benutze einen zur Oberseite passenden Farbton.

5. Fixiere die Farben, indem du mit dem Bügeleisen mehrere Minuten bei Einstellung Baumwolle über Innen- und Außenseite von Hut oder Kappe gleitest.

Bauchtasche

Witzige Kritzelmuster verzieren die bunten Bauchtaschen.

1. Stopfe die Tasche mit Zeitungspapier fest aus. Zeichne Kritzelmuster oder Namenszug mit einem Lackstift oder schwarzer Gutta.

2. Tupfe nach dem Trocknen der Zeichnungen die bügelfixierbaren Farben auf. Sie können ruhig etwas ineinanderlaufen.

3. Fixiere die Farben mit dem heißen Bügeleisen.

Decke und Paravent

Gefährliche Löwen und Krokodile, zierliche Zebras und bunte Masken — male Afrikas Steppen- und Dschungellandschaften auf die Seide. Einige Motive gibt es zum Durchzeichnen, andere kannst du frei entwerfen. Aus dem bemalten Stoff entsteht dann eine gefütterte Kuscheldecke oder ein exotischer Paravent.

△ Lege deinen Entwurf unter die Seide und zeichne ihn mit einem weichen Bleistift durch.

Decke

Afrikanische Welten entfalten sich wie auf einem Bilderbogen: Die Kuscheldecke ist gefüttert und gesteppt, so daß die Tiere schön plastisch zur Geltung kommen.

1. Spanne ein großes Stück Seide von 90 mal 150 Zentimetern auf den Rahmen. Wenn du einen kleineren Rahmen hast, auf dem der Stoff nicht in einem Stück Platz hat, spannst du zunächst nur eine Hälfte auf. Nach dem Bemalen nimmst du die Seide wieder vom Rahmen, und es kommt die andere Hälfte an die Reihe.

2. Zeichne die Motive afrikanischer Tiere oder Masken auf Transparentpapier vor. Du kannst sie aus dem Buch abpausen oder frei erfinden. Befestige die Entwürfe mit Klebeband auf dem Tisch. Drehe den

◁ *Male afrikanische Masken, Tiere und Flecke von Zebrafell.*

Du brauchst:
für die Decke:
Pongé-Seide Nr. 8,
90 x 150 cm
Bleistift
Transparentpapier
Klebeband
Rahmen, Dreizackstifte
schwarze Gutta
Liner mit Spitze, 0,7 mm
Seidenmalfarben
Pinsel, Palette
Schere
Vlieswatte, 90 x 150 cm
Stoff für Rückseite,
90 x 150 cm
Einfaßstreifen, 5 cm
breit, 5 m lang
Stecknadeln
Nähnadel
Garn
Nähmaschine

◁ *Die Decke wird mit Vlieswatte gefüttert und mit einem Stoffstreifen eingefaßt.*

Rahmen um, so daß der Stoff direkt auf den Zeichnungen liegt. Jetzt kannst du mit einem weichen Bleistift die Motive durchzeichnen. Setze auch zwischen die einzelnen Tiermotive Flecke von Zebrafell.

3. Drehe den Rahmen wieder auf seine Vorderseite und zeichne alle Motive mit schwarzer Gutta und dem Liner mit Spitze nach. Achte darauf, daß alle Linien geschlossen sind. Laß die Gutta gut durchtrocknen.

4. Verwende zum Ausmalen der Tiere vor allem Braun-, Gelb- und Ockertöne. Dazu paßt als Kontrast ein tiefes Schwarz, das du mit einem sehr

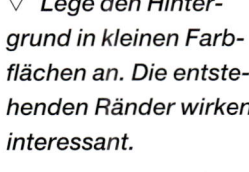

▽ *Lege den Hintergrund in kleinen Farbflächen an. Die entstehenden Ränder wirken interessant.*

Fasse die Decke mit einem 5 Zentimeter breiten Streifen ein. Die einzelnen Motive werden per Hand abgesteppt.

dünnen Pinsel aufträgst, damit es nicht ausläuft.

5. Dieselben Braun-, Gelb- und Ockertöne solltest du für den Hintergrund mit etwas Schwarz mischen. Lege den Hintergrund in kleinen Farbflächen an. Die entstehenden Ränder machen das Bild interessant.

6. Fixiere nun die Seidenmalfarben. Dann wird die Seide zur Decke weiterverarbeitet.

7. Lege den Hintergrundstoff, die Vlieswatte und die bemalte Seide glatt übereinander, und schneide alles auf dieselbe Größe zu.

8. Stecke alle drei Stofflagen mit Stecknadeln am Rand und an einigen Stellen in der Mitte fest. Wenn du die Nadeln quer zum Rand steckst, kannst du über sie hinwegnähen.

9. Fasse die Decke wie auf der Skizze mit einem 5 Zentimeter breiten Stoffstreifen ein. Dafür legst du den

Du brauchst:

für den Paravent:

3 bemalte Tücher,

90 x 90 cm

je 6 Bambusstangen,

à 120 cm und à 100 cm

Bast

Nähnadel

Garn

Schere

Handsäge

▽ *Bau dir einen exotischen Paravent, indem du drei bemalte Tücher auf ein Bambusgestell hängst.*

Streifen auf die Vorderseite, 1 Zentimeter von der Kante entfernt. Steppe den Streifen mit der Nähmaschine fest, in einem Abstand von 2 Zentimetern von der Kante. Laß die gesteckten Nadeln beim Nähen im Stoff.

10. Lege den Streifen um die Kante nach hinten, klappe ihn 0,5 Zentimeter nach innen, und stecke ihn fest. Nähe dann von vorn den Streifen in der Nahtlinie fest. Die Ecken werden mit Handstichen versäubert.

11. Steppe die einzelnen Motive per Hand mit einfachen Vorstichen ab. Nimm dazu ein festes Nähgarn, das du auf der Unterseite verknotest. Durch die Stepperei werden die drei Lagen miteinander verbunden und die Tiere treten plastisch heraus.

Paravent

Male afrikanische Tiere auf drei Seidentücher von 90 mal 90 Zentimetern. Befestige die Tücher an einem Bambusgestell. Das ergibt einen exotischen Paravent.

1. Spanne ein Seidentuch auf den Rahmen. Übertrage dann von den Schablonen im Buch abgepauste oder eigene afrikanische Motive mit Bleistift auf den Stoff. Verwendest du Transparentpapier zum Abpausen, kannst du vom umgedrehten Papier die Tiere auch seitenverkehrt durchzeichnen. Vielleicht vergrößerst du vorher einige Zeichnungen mit dem Fotokopierer.

2. Zeichne alle Figuren mit schwarzer Gutta vor.

▷ *Mische die Farben so, daß du abgestufte Schattierungen erhältst.*

▽ *Für das Gestell kannst du Bambusstangen mit Bast zusammenbinden.*

3. Die Tiere werden in natürlichen Brauntönen gefärbt. Male auch Himmel, Gras, Wüste und Wasser in den gleißenden Farben der afrikanischen Sonne.

4. Bemale alle drei Tücher und fixiere anschließend die Farben. Jetzt mußt du den Stoff noch auf ein Bambusgestell montieren.

5. Bau dir zunächst für jedes Tuch ein eigenes Gestell. Lege dir dafür zwei kurze und zwei lange Bambusstangen so zurecht, daß sie ein Quadrat bilden, in dem du ein Tuch von 90 mal 90 Zentimetern aufhängen kannst. Die Längsstangen sind nach unten hin länger, damit man sie in die Erde stecken oder einfach hinstellen kann.

6. Säge in die Bambusstangen kleine Kerben ein und binde sie mit Bast zusammen. Das bemalte Tuch kannst du jetzt mit ein paar Handstichen und einem festen Garn an der Bastumwicklung annähen.

7. Montiere alle drei Tücher auf Bambusgestelle und binde die drei Teile mit Bast zusammen. Fertig ist der tolle Paravent.

◁ Pause das Motiv aus dem Buch auf Transparentpapier, vergrößere es mit dem Fotokopierer und übertrage es mit Bleistift auf den Stoff.

◁ Zeichne alle Motive zunächst mit schwarzer Gutta vor.

◁ Tiere und Landschaft sind in den gleißenden Farben der Sonne Afrikas gemalt.

63

Zoo mit Tierkissen

Die lustigen Tierkissen kannst du mit einigen Nähkenntnissen leicht nacharbeiten. Dafür mußt du dein Lieblingstier zweimal auf Seide malen. Nähe die beiden Teile zusammen und fülle die Kissenhülle mit einem ausgestopften Innenkissen. Wenn du mit deinen Freunden gleich mehrere Kissen anfertigst, habt ihr sicher viel Spaß beim Kuscheln in eurem Kissenzoo!

Schön und superbequem sind die riesengroßen Kissen mit Tiermotiven. Pause dafür eine Schablone aus diesem Buch ab. Auch im vorangehenden Kapitel, in dem die Herstellung einer Decke und eines Paravents beschrieben ist, findest du geeignete Motive. Sieh dir auch Fotos von Tieren an. Vielleicht kannst du ein Kamel abzeichnen. Erlaubt sind natürlich auch Phantasietiere oder tolle Schmusemonster, die du frei zeichnest.

△ *Wenn das zugeschnittene Kissen ausgestopft wird, kommt die Tierfigur voll zur Geltung.*

◁ *Der niedliche Panda wurde zu einem aufrecht stehenden Kissen verarbeitet.*

Du brauchst:
Pongé-Seide Nr. 8,
90 x 60 cm
aufbügelbare Vlieseline,
90 x 60 cm
Baumwollstoff,
90 x 60 cm
Transparentpapier,
DIN A2
Bleistift
Klebstreifen
Rahmen, Dreizackstifte
schwarze und farblose
Gutta
Liner mit Spitze, 0,7 und
0,9 mm
Seidenmalfarben
Pinsel, Palette
Bastelwatte
Garn, Nähnadel
Stecknadeln
Schere
Nähmaschine
Bügeleisen

und zeichnest die Konturen ein zweites Mal. Wenn ein Tier nach vorne schaut, wie zum Beispiel Löwe oder Tiger, ändert sich die Rückenansicht. Die Beinhaltung ist dann anders, und man sieht den Kopf nur von hinten.

3. Spanne die Seide mit Dreizackstiften auf den Rahmen.

4. Lege die Zeichnung mit Gutta an. Damit die Farbe später nicht auslaufen kann, sollten alle Linien möglichst geschlossene Flächen bilden. Verwende für helle Tiere farblose Gutta. Schwarze Gutta ist dagegen besser geeignet bei dunklen Streifen, zum Beispiel für Zebra und Tiger. Auch Schnurrhaare und Gesicht bei Löwe und Tiger sind schwarz. Ziehe sicherheitshalber die Linien auf der Rückseite noch einmal nach.

▷ *Zeichne dein Motiv zunächst mit Bleistift auf die Seide.*

1. Entwirf zunächst das Tier auf einem Bogen Transparentpapier der Größe DIN A2. Du kannst auch die Schablone von Löwe, Tiger oder Pandabär mit dem Fotokopierer auf die gewünschte Größe kopieren. Achte schon im Entwurf der Motive auf eine gerade Unterkante, auf der das Tier später steht oder liegt.

2. Lege deinen Entwurf auf den Tisch. Breite dann die Seide darüber aus. Sie sollte mindestens 90 mal 60 Zentimeter groß sein, so daß Vorder- und Rückseite deines Tieres darauf Platz haben. Befestige den Stoff mit Klebstreifen am Tisch. Jetzt kannst du mit Bleistift die Tierfigur zweimal durchzeichnen. Eines der beiden Teile mußt du seitenverkehrt malen. Dafür wendest du einfach den Papierentwurf auf seine Rückseite

▷ *Lege die Konturen mit Gutta an, und male sie dann mit Farbe aus.*

5. Male nach dem Trocknen der Gutta die Tierfiguren farbig aus. Vorsicht bei schwarzer Farbe – du solltest sie nur mit einem dünnen Pinsel auftragen, damit sie nicht ausläuft. Die Umgebung des Tieres kannst du zum Beispiel in einem schönen Grün oder Türkis anlegen.

6. Laß die Farben gut durchtrocknen, und nimm die Seide vom Rahmen. Fixiere die Farben, damit du die bemalten Kissenhüllen später ohne Probleme waschen kannst.

7. Lege dann die Vorder- und Rückseite der Tierfiguren deckungsgleich aufeinander, und schneide die Form des Kissens großzügig zu. Achte dabei auf eine gerade Unterkante.

8. Schneide aufbügelbare Vlieseline zweimal in der gleichen Form wie die Stoffteile zu. Eines der Vlieselineteile muß wiederum in der seitenverkehrten Form zugeschnitten werden. Bügle die Vlieseline auf die Rückseite der Tierformen.

△ Der Tiger ist von der Seite zu sehen. Achte darauf, daß sich auf der Rückseite des Kissens die Beinhaltung ändert und der Kopf von hinten zu sehen ist.

▷ Die Formen werden großzügig ausgeschnitten.

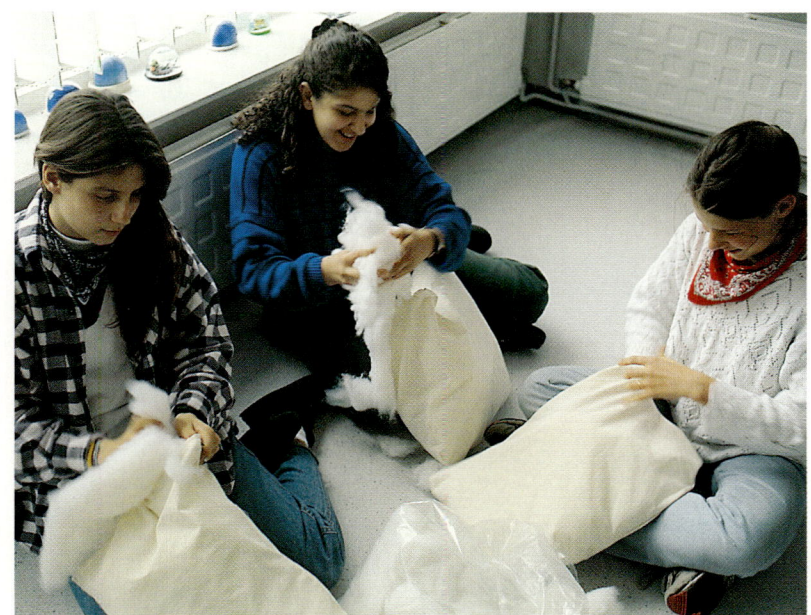

nung kannst du mit ein paar Handstichen schließen.

13. Stecke dann das Inlett in die Kissenhülle. Nähe mit kleinen Stichen und passendem Nähgarn die Öffnung zu. Das geht am besten mit der Hand. Wenn das Kissen einmal gewaschen werden muß, kannst du diese Naht wieder auftrennen und die Hülle vorsichtig mit der Hand in etwas Seifenlauge spülen.

9. Lege die beiden Teile genau deckungsgleich aufeinander, so daß die Vlieselineschicht nach außen zeigt. Stecke sie mit Nadeln zusammen. Wenn du die Nadeln quer zur Kante in den Stoff steckst, kannst du über sie hinwegnähen. Steppe dann mit der Nähmaschine in einem Abstand von circa 1,5 Zentimetern von der Außenkante. Laß dabei unten eine Öffnung von circa 25 Zentimetern zum Wenden und Stopfen.

10. Wende die Kissenhülle und bügle die Nähte aus.

11. Nun fehlt noch das Füllkissen. Schneide dafür aus einem doppelt gelegten Baumwollstoff dieselbe Form wie für die Kissenhülle zu. Nähe das Inlett genau wie die Hülle des Tierkissens, wende es und bügle die Nähte aus.

12. Stopfe jetzt dein Innenkissen so fest mit Bastelwatte aus, daß es sich schön griffig anfühlt. Achte darauf, daß du auch die ausgewölbten Formen wie Ohren oder Pfoten genügend ausfüllst. Die Öff-

△ *Stopfe das Inlett mit Bastelwatte aus.*

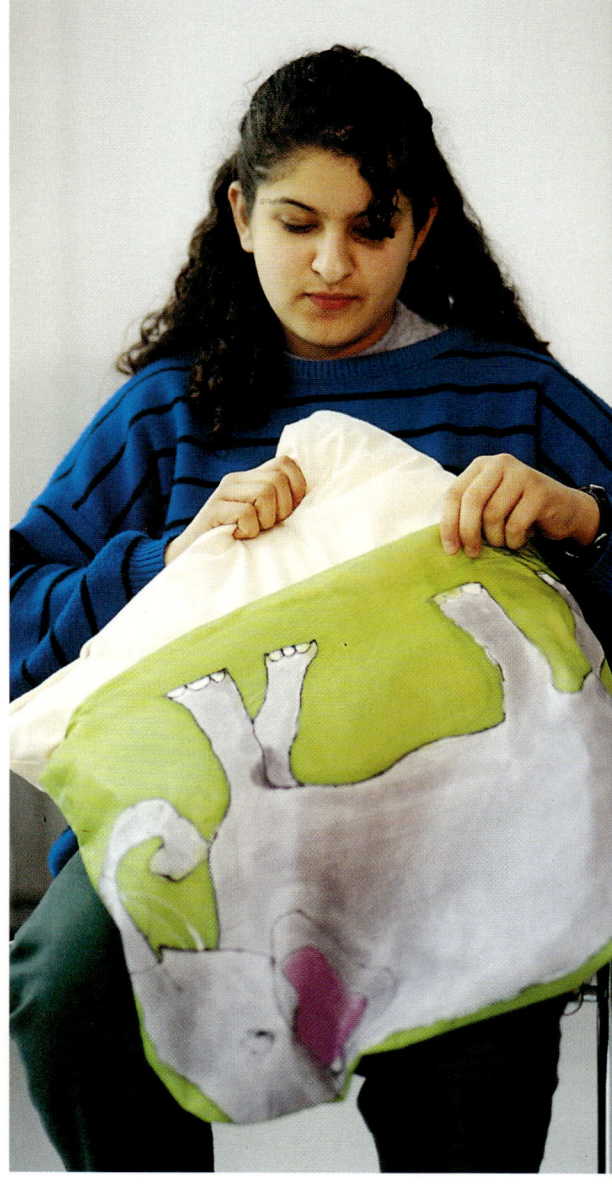

▷ *Stecke das Inlett in die Kissenhülle und nähe die Öffnung zu.*

Bilderrahmen, Kästchen und Notizbuch

Aus dem bunten Batikstoff entstanden drei wunderschöne Geschenke: Beziehe einen Bilderrahmen mit einem bemalten Seidenstoff, oder verschenke ein Schmuckkästchen, dessen Deckel du verschönert hast. Es macht auch Spaß, für ein Notizbuch einen hübschen Einband zu basteln. Vielleicht gefallen dir diese Geschenke so gut, daß du sie für dich selbst noch einmal anfertigst.

Bilderrahmen

Der bezogene Bilderrahmen hat als Kern eine zugeschnittene Dämmplatte. Hübsch wirkt es, wenn das Bild hinter ein farblich passendes Papierpassepartout geklebt wird.

1. Miß von einer Dämmplatte in der passenden Größe – zum Beispiel 30 mal 24 Zentimeter – von den Kanten jeweils 5 Zentimeter ab, und schneide dann das innere Rechteck mit dem Cutter aus.

2. Schneide aus bemaltem Seidenstoff breite Streifen zu, die du um die ganze Rahmenleiste legen kannst.

3. Streiche den Rahmen partienweise mit verdünntem Leim ein und ziehe die Seide fest auf. Die Kanten des Stoffes kommen auf der Unterseite des Rahmens zu liegen.

4. Montiere das Bild im Passepartoutkarton mit einem doppelseitigen Klebeband hinter den Rahmen.

Schmuckkästchen

Das Kästchen hat einen bunt bezogenen Deckel.

1. Streiche den Deckel mit Leim ein und beziehe ihn mit dem Einlagestoff. Der Stoff soll vorn und an den Seiten bis zur Unterkante des Deckels reichen. Die vorderen Ecken werden herausgeschnitten.

2. Schneide die bemalte Seide so groß zu, daß sie bis in die Innenseiten des Deckels reicht. Streiche nun den Leim auf die hintere Deckelkante von außen, auf die übrigen Deckelkanten von innen.

3. Ziehe den Stoff über die gepolsterte Fläche nach innen und klebe ihn dann an den eingeleimten Kanten fest.

4. Schneide nach dem Trocknen an den Innenkanten mit dem Cutter die überstehende Seide ab. Auch außen wird der Stoff an den Scharnieren und Kanten beschnitten.

5. Male nun vorsichtig das noch sichtbare helle Holz innen und außen mit einer schwarzen, glänzenden Lackfarbe an.

Notizbuch

Grundlage ist ein chinesisches Notizbuch in DIN A5.

1. Schneide zunächst zwei stabile Stücke Pappkarton und Einlagestoff in der Größe der Buchdeckel zu. Die bemalte Seide sollte größer sein, so daß sie an allen Kanten 2 Zentimeter Zugabe hat.

2. Klebe den Einlagestoff auf die Pappe. Lege die Pappe mit dem Polster nach unten auf die Seide. Bestreiche die Kanten mit Leim und ziehe den Stoff straff um die Kanten.

3. Montiere die gepolsterten Deckel auf das Buch, indem du die bezogenen Pappestücke und die Buchdeckel mit verdünntem Leim bestreichst. Der Buchrücken bleibt ausgespart. Klebe die Deckel auf und beschwere das Buch.

Du brauchst:
bemalte Seide
Buchbinderleim oder anderen verdünnten Weißleim
Pinsel
Cutter, Schere

für den Rahmen:
Dämmplatte, 4 cm dick
Passepartout aus Fotokarton mit ausgeschnittenem Fenster
doppelseitiges Klebeband
schwarze Lackfarbe

für das Kästchen:
Holzkasten
festen Einlagestoff

für das Buch:
Notizbuch, DIN A5
stabilen Pappkarton
Einlagestoff

Wandteppich und Fischkissen

Ein buntes Aquarium mit tropischen Fischen kannst du auf die Seide malen. Nähe daraus Fischkissen oder einen Wandteppich.

Stoff

Bemale den Stoff in Aquarell- und Schichttechnik. Auf diese Weise entstehen leuchtend bunte Fische auf blauem Grund.

1. Spanne die Seide mit Dreizackstiften auf den Rahmen.

2. Bemale den Stoff in leuchtenden Regenbogenfarben. Lege dabei die Farben streifig von oben nach unten an, zum Beispiel in Wellen und Zacken. Laß die Farbstreifen ineinanderlaufen, oder bilde mit Hilfe des Föns Trockenränder.

Du brauchst:
Pongé-Seide Nr. 8, pro
Fischmotiv 55 x 45 cm
Rahmen, Dreizackstifte
Seidenmalfarben
farblose Gutta, Liner
einfarbige Seide
Vlieswatte, Vlieseline
Baumwollstoff
Bastelwatte
roten Seidenstreifen,
Nadel, Garn
Schere, Stecknadeln
Nähmaschine

▽ *Ein leuchtender*
Fisch schwimmt auf
blauem Grund.

3. Fertige mit Bleistift auf Papier die Skizze einer Fischform an. Am besten orientierst du dich an Abbildungen von Fischen.

4. Schneide die Form aus, und lege die Schablone auf die bemalte Seide. Umrande die Form mit farbloser Gutta. Verwende einen Liner mit einer Spitze von 0,9 Millimetern.

5. Übermale den Hintergrund mit Blautönen, wenn die Gutta getrocknet ist. Der Fisch bleibt dann als leuchtend bunte Form stehen.

6. Nimm die Seide vom Rahmen und fixiere die Farben.

Wandteppich

Wenn du mit deinen Freunden mehrere Fischbilder gemalt hast, könnt ihr sie zu einem wunderschönen Wandteppich zusammennähen.

1. Schneide dir zuerst aus türkisfarbener Seide 4 Zentimeter breite Streifen zurecht. Befestige, zunächst nur mit Stecknadeln, die Streifen an den Fischbildern. Steppe mit der Nähmaschine die Streifen so an die Bilder, daß die Nähte auf der Rückseite zu liegen kommen.

2. Lege die Hintergrundseide, die Vlieswatte und die zusammengenähten Fischbilder glatt übereinander, und schneide alles auf dieselbe Größe zu.

3. Fasse den Wandbehang mit einem 3 Zentimeter breiten, roten Seidenstreifen ein. (Siehe auch Kapitel Decke und Paravent.)

Fischkissen

Mit einigen Nähkenntnissen ist es nicht schwer, ein gemaltes Seidenbild zu einem lustigen Fischkissen weiterzuverarbeiten.

1. Schneide dir aus blauer Seide 5 Zentimeter breite Streifen zurecht. Steppe mit der Nähmaschine die Streifen rund um das Fischbild, so daß die Nähte zur Rückseite zeigen.

2. Lege das „gerahmte" Fischbild auf blaue Seide, die als Hintergrundstoff dient. Schneide die blaue Seide auf dieselbe Größe zu.

▽ *Die Fischkissen sind in Aquarell- und Schichttechnik gemalt.*

▽▽ *Nähe ein Inlett und stopfe es mit Bastelwatte aus.*

dieser Stelle kannst du das Kissen wenden und ausstopfen.

5. Wende die Kissenhülle und bügle die Nähte aus.

6. Nähe aus einem Baumwollstoff ein Inlett genau wie die Kissenhülle, jedoch ohne Vlieseline. Stopfe das Innenkissen anschließend mit Bastelwatte aus.

7. Stecke das Inlett in die Kissenhülle und schließe die Öffnung mit der Hand.

3. Schneide aufbügelbare Vlieseline zweimal auf die entsprechende Größe zu und bügle sie auf die Rückseite der Seidenteile.

4. Lege die beiden Teile deckungsgleich aufeinander, so daß die Vlieselineschicht nach außen zeigt. Steppe mit der Nähmaschine an den Kanten entlang. Laß aber in der Naht eine Öffnung von 25 Zentimetern. An

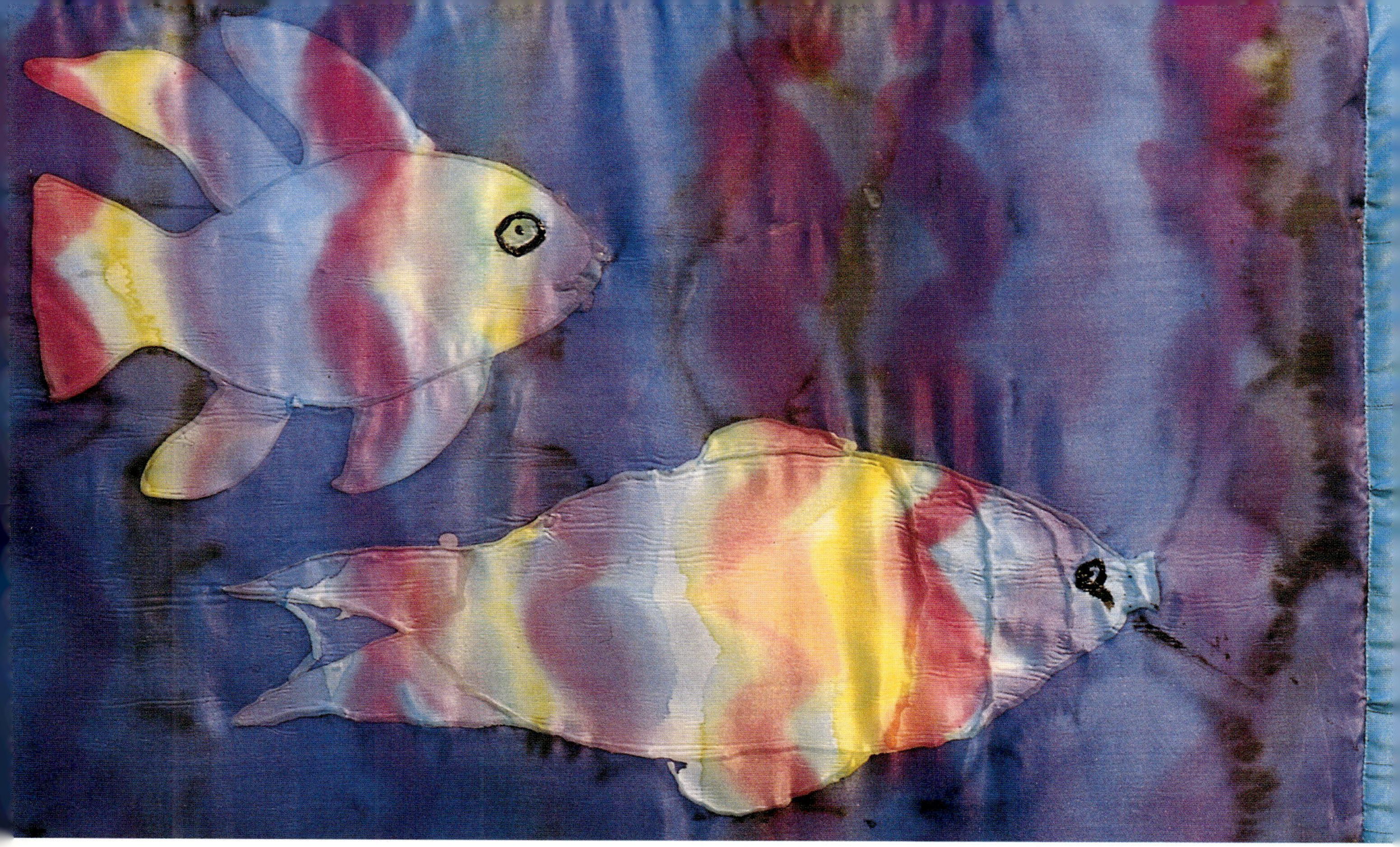
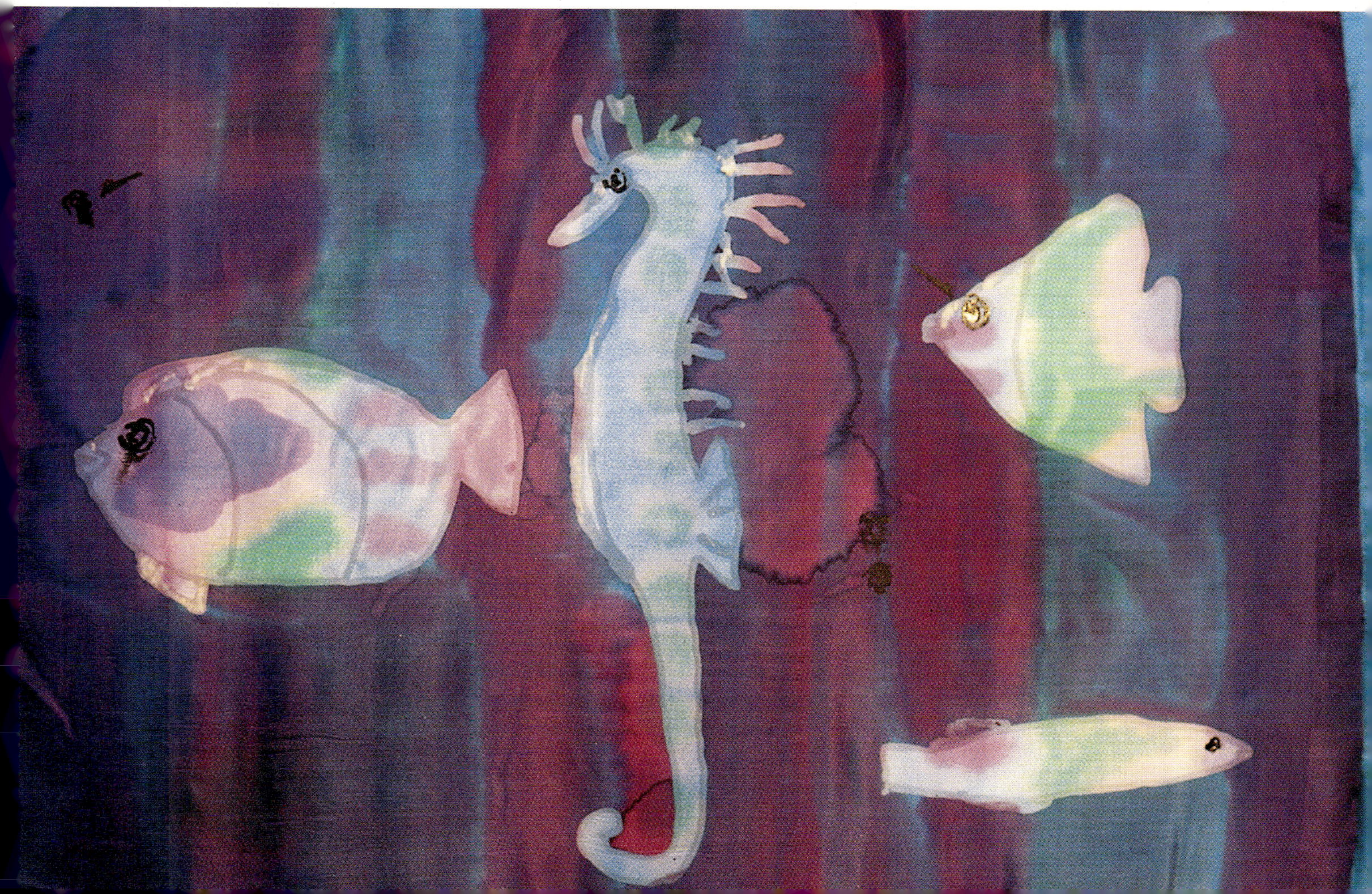